궤도를 벗어난 사물의 일상 ◆

대설의 커치

오창섭 지음 · 안그라픽스

○ '내 곁의 키치'라는 이름으로 새로 펴내며

우리는 왜 미술관에 갈까? 누군가는 현학적인 몸짓을 하며 "아름다운 작품을 감상하기 위하여……"라고 답할지 모른다. 그럴 듯한 답이다. 하지만 우리가 미술관에 가는 이유를 곰곰이 생각해보면 이 답과는 거리가 있음을 알게 된다. 입으로는 아름다운 작품 감상을 이야기할지 모르지만, 실제로는 문화를 즐기는 자신의 대견스러운 모습을 확인하기 위하여, 투자할 만한 그림을 찾기 위하여, 혹은 자녀의 교육에 도움이 될까하는 세속적인 의도 때문에 우리는 미술관을 찾는다.

무엇보다 오늘날 미술관은 더 이상 아름다운 작품들을 품고 있는 장소가 아니다. 때문에 숭고가 아름다움을 대신하고 있다고 말하는 미학자들이 있다. 우리의 인식이 감당하기 어려운 놀라운 경험, 그 경험이 숭고와 관계하는 것이라면 어느 정도 일리가 있는 답이다. 이 맥락에 따르면 사람들은 '놀라움'을 경험하기 위해서 미술관에 간다고 할 수 있다. "오~"라는 감탄사가 아닌 "헉~"이라는 감탄사를 끌어내줄 작품들을 만나기 위해 그곳을 찾는 것이다.

"헉~"은 새로운 것을 만났을 때 나오는 감탄사다. 오늘날 새로움은 어떤 것의 가치를 판단하는 중요한 기준으로 자리하고 있다. 심지어 추하고 괴

기스럽다고 하더라도 새롭다면 용서되고 환영받는 것이 현실이다. 이러한 내용을 잘 알고 있는 작가들은 새로운 무언가를 만들어내기 위해 고뇌하고 또 고뇌한다.

키치! 그것은 새로운 것에 붙여지는 이름이 아니다. 흔하고, 진부하며, 어디선가 본 듯한 잡동사니 같은 대상을 가리킬 때, 그리고 무언가를 모방하거나, 과장하는 몸짓을 설명할 때 초청받는 이름인 것이다. 새로움을 가치 있는 것으로 긍정하는 시대의 고급문화 옹호자들에게 키치는 피하고 싶은 대상이다. 그래서 그들은 키치를 '저속한', '유치한', '천바한', '왜곡된'과 같은 수식어들을 사용하면서 저주한다.

하지만 그러한 저주에도 불구하고 키치는 사라지지 않고 있다. 아마도 우리의 삶이 키치와 너무 가깝기 때문일 것이다. 우리의 일상 삶은 진부함과 유치함을 특징으로 한다. 쿨$_{cool}$하기보다는 끈적거리고, 심플하기보다는 잡다하다. 이러한 삶의 속성 때문에 키치를 벗어나는 것은 불가능한 것인지 모른다.

최근 키치는 소비문화의 핵심 코드로까지 발전하고 있다. 거리에는 스마트폰을 품은 온갖 모양의 케이스들이 널려있고, 소녀감성의 만화를 사용한 버스광고가 행인들의 시선을 유혹한다. 사람들은 키치적인 음악에 열광하고, 키치 룩의 의상을 걸친 연예인들에게 환호를 보내며, 키치 스타일의 서체나 디자인에 깊은 관심을 나타내고 있다. 이러한 양상을 키치의 범람이라고 단순히 말할 수는 없다. 키치뿐만 아니라 키치를 이용하려는 캠프적인 움직임 역시 거기에는 분명히 자리하고 있기 때문이다.

오늘날 키치 범람 현상에서 주목할 만한 점은 자본주의와 밀접하게 관계하고 있다는 사실이다. 자본주의는 상품의 가치 차이를 이용하여 소비를 자극하고, 이를 통해 이윤을 획득한다. 이 과정에서 자본주의는 차이를 만들어 낼 수 있는 모든 것들을 긍정하고 받아들인다. 자본주의가 새로움과 창조성을 강조하는 것은 그것이 우리 삶을 풍요롭게 만들기 때문이 아니라 가치의 차이를 만들어 내고, 그것으로 이윤을 확대할 수 있기 때문이다. 엄숙함이 지배하지 않는 곳에서도 키치가 활발히 유통되는 것은 바로 이 때문이다.

이러한 움직임은 팝아트의 전략과 다르지 않다. 팝아트 역시 키치를 이용하여 가치를 획득하였다. 차이가 곧 가치와 연결될 수 있다는 것을 아는 이들은 스스로를 드러내기 위해 기꺼이 키치를 끌어들인다. 키치 룩과 키치 스타일의 문화가 만들어지는 이면에는 이러한 이해가 자리한다. 그렇다면 키치를 매개로 한 팝아트의 전략은 예술의 세계는 물론이고, 상품세계와 대중문화의 장에서도 유효하다고 말할 수 있다. 흥미로운 것은 그러한 움직임 자체가 키치적이라는 사실이다.

'디자인과 키치'라는 이름으로 이 책이 세상에 나온 지 15년이 흘렀다. 인쇄되어 나온 이 책을 처음 받아들었을 때의 느낌을 아직도 잊을 수 없다. 10년 전 개정판 서문을 작성할 때의 느낌도 생생하다. 그동안 사회도, 디자인계도 많은 것이 변했다. 심지어 나도 변했다. 이번 개정판을 내면서 나는 그러한 변화들을 반영하고 싶었다. 어색한 표현을 다듬고, 필요하다고 판단되는 내용을 추가하였다. 새로운 이미지를 추가하기도 했고, 변화한 시대에 적합하지 않은 이미지들을 대폭 삭제하기도 했다. 원고를 수정하고 정리하는 과정은 새롭게 글을 쓰는 것보다 고통스러웠다. 하지만 그 고통스러움보다 더 컸던 것은 부끄러움이었다. 그동안 허술한 모습으로 세상에 떠돌아 다녔을 책을 생각할 때마다 얼굴이 붉어졌다.

이제 '디자인과 키치'는 '내 곁의 키치'라는 새로운 이름과 디자인으로 독자들 앞에 섰다. 설렘과 두려움이 교차하는 이 순간을 나는 먼 훗날 또 기억할 것이다.

모든 책은 많은 이들의 관심과 노력을 거치며 태어난다. 이 책도 마찬가지다. 자주 뵙지는 못하지만 인연의 끈이 닿아 있음을 느끼는 홍성택 사장님, 제목부터 세세한 부분에 이르기까지 신경써준 조용범 편집장님, 책을 매력 있게 만들어준 한성근 디자이너에게 고마움을 표한다.

2012년 7월 오창섭

차례

- '내 곁의 키치'라는 이름으로 새로 펴내며   04
- 여행의 출발(초판 서문), 제2판에 붙여   10
- 주석, 참고문헌, 찾아보기   280

1장   삶에서 디자인 보기

1. 디자인에 대한 메타 담론   19
2. 생산의 영역에서 디자인 보기   30
3. 사용의 영역에서 디자인 보기   45

2장   말을 거는 일상의 사물들

1. 문화의 지배를 받는 기호   61
2. 신화 소비   72
3. 사물: 언어 아닌 언어   82

3장 사용의 관점에서 본 사물의 의미

1 삶에서 부서지는 순수한 사물의 기능　　　　　　　　　　93
2 채워진 그릇인가, 채워질 그릇인가: 사물의 사회·문화적 기능　119

4장 키치의 이해

1 키치란 무엇인가?　　　　　　　　　　　　　　　　　133
2 키치는 어떤 모습으로 존재하는가?　　　　　　　　　　152
3 키치와 팝아트　　　　　　　　　　　　　　　　　　168
4 키치와 취미　　　　　　　　　　　　　　　　　　　184

5장 삶은 욕망을 따른다: 키치 소비에 내재한 심리

1 향수: 과거에 대한 그리움　　　　　　　　　　　　　197
2 과시: 부러움의 시선을 기다리며　　　　　　　　　　210
3 대리만족: 환상을 통한 욕망의 해소　　　　　　　　　220
4 놀이: 현실과 이탈의 변증법　　　　　　　　　　　　227
5 성: 무겁지 않은 유희　　　　　　　　　　　　　　　237
6 풍자: 웃음을 통한 거리 두기　　　　　　　　　　　　245
7 소비는 소속을 확인한다　　　　　　　　　　　　　　254

6장 키치 소비의 의미

1 자기 정체성의 확인　　　　　　　　　　　　　　　　265
2 욕망과 소외의 해소　　　　　　　　　　　　　　　　269
3 구별짓기　　　　　　　　　　　　　　　　　　　　274

◦ 여행의 출발 (초판 서문)

우리는 지금 디자인을 주제로 한 새로운 여행의 출발점에 서 있다. 이 여행은 지금까지 우리가 경험한 것과는 다른 종류의 디자인 여행이 될 것이다. 왜냐하면 널리 알려진 코스가 아닌 새로운 코스를 택했기 때문이다. 새로운 코스로의 여행을 위해 준비된 지도에는 알레시$_{Alessi}$나 소니$_{Sony}$와 같은 디자인으로 이름난 외국의 기업도, 헨리 드레이퍼스$_{Henry\ Dreyfuss}$나 에토레 소트사스$_{Ettore\ Sottsass}$와 같은 유명 디자이너들과 우리를 감동시키는 그들의 작품들도 표시되어 있지 않다. 그보다는 매일매일 일상의 삶에서 흔히 마주치는 장식된 자동차, 코카콜라 캔 모양을 한 가방, 바이올린 모양의 전화기, 효자손, 관광지의 기념품, 종업원을 모집한다는 원색적인 포스터 등으로 채워져 있다.

    나는 이 지도에 표시된 일상의 사물들이 어떠한 의미가 있는지 밝히기 위해 '사용의 관점에서 디자인 보기'라는 관점을 제시하였다. 그것은 여행길의 혼돈스러운 장애물을 뚫고 길을 안내하는 나침반으로서 역할을 할 것이다. 디자인을 사용의 관점에서 본다는 것은 오늘날 우리를 둘러싼 인공물들의 수용공간을 주목한다는 이야기이다. 즉, 실제 삶의 공간에서 사물들이 만들어 내는 다양한 의미들과 경험들에 관심을 가진다는 뜻이다.

우리의 일상 삶은 키치로부터 자유로울 수 없다!

이 책은 크게 여섯 개의 장으로 구성되어 있다. 1장에서는 오늘날 디자인 영역의 지배적인 관점이라고 할 수 있는 '생산 중심적 디자인 보기'의 내용을 비판적 입장에서 다루고 있다. 그리고 또 다른 축으로 설정한 '사용의 관점에서 디자인 보기'를 통해 디자인과 삶이 한층 가까워질 수 있는 가능성을 찾고, 디자인의 담론에서 키치 논의의 필요성을 제기하고 있다.

  2장과 3장에서는 이론적 배경과 함께 사용의 관점에서 디자인 보기의 구체적 내용을 다루고 있다. 오늘날 생산 중심적 디자인 보기는 경제 논리에 디자인을 종속시킴으로써 다양한 담론의 가능성을 제한하였고, 일상 주체들의 심리적인 부분과 밀접한 관계를 맺는 키치를 디자인의 울타리 밖으로 위치시켰다. 또한 사용자를 수동적인 존재로 가정함으로써 그들에 의해 이루어지는 창조적 수용 과정을 천박한 것으로 치부하였다.

  그러나 사용과정은 생산 중심적 디자인 보기가 가정하듯이 '디자인된 것과 안된 것', '디자인의 영역과 아닌 영역'을 명확히 구분하지 않는다. 그것들 모두는 삶이라는 공간에 떠다니는 기표일 뿐이다. 인공물의 사용자는 창조적 주체로서 그들의 상상력을 통해 다양한 의미들을 만들어 내고 소통시킨다. 일상에서 이루어지는 사용의 모습은 생산될 당시에 가정된 사물의 존재가치로부터 끊임없는 이탈의 과정이다.

사용의 관점에서 디자인 보기는 디자인과 실제 삶을 더욱 가깝게 만든다. 왜냐하면 그것은 실제 삶에서의 의미와 경험들을 중시하기 때문이다. 사용의 관점에서 보았을 때 디자인은 삶 속에서 다양한 의미와 경험들이 창조되고 변화하며 일상의 잡다한 이야기들을 만들어가는 모습과 직접 관계하고 있다. 여기서 디자이너의 의도는 무시되기 일쑤고 디자인된 것과 안된 것의 경계도 부서진다. 수많은 사물들과 이미지들은 일상의 사용과정 속에서 살아 움직인다. 사용의 관점에서 보았을 때 디자인은 문화창조 행위요, 말을 거는 살아있는 의미체인 것이다.

오늘날 우리는 디자인의 여러 내용이 실제 삶과 괴리된 모습을 종종 발견한다. 그 가장 큰 원인 중의 하나는 디자인을 보는 유일한 관점으로 생산 중심적 디자인 보기가 절대시 되는 데에 있다. 생산 중심적 디자인 보기는 상품가치를 높이거나 효율이나 합리성을 지향하는 행위와 그 산물로 디자인을 바라본다. 그뿐만 아니라 생산과정에서 부여한 사물의 기능으로부터 일탈하는 사용의 과정을 불순하고 천박한 키치로 바라본다.

4장, 5장, 그리고 6장에서는 디자인 영역에서 제외되어왔던 키치의 내용을 다루고 있다. 키치는 내용상으로 진품의 가치나 효과를 모방하는 태도와 산물로서, 사회적 기능이 사물 자체에 부가되어 나타나는 통속적인 사회현상을 말한다. 키치는 예술에 국한된 개념이라기보다는 모든 인공물과의 관계방식 속에서 나타날 수 있는 것으로, 사물과 인간이 어떻게 관계하는지를 보여주는 하나의 유형이기도 하다. 만일 디자인의 주된 내용이 삶 속에서 인공물의 존재방식과 가능성을 사고하는 것이라면, 생산중심적 디자인 보기에서 불순하고 천박한 것으로 배척해 온 키치는 디자인을 이해하는데 반드시 주목해야 할 내용이다.

오늘날 키치로부터 자유로울 사람은 없다. 우리는 일정 부분 키치적으로 말하고, 키치적으로 입고, 키치적으로 소비하는 키치맨이다. 사물은 본래의 목적만으로 순수하게 소비되지 않는다. 오늘날 사물의 소비는 다양한 사회·문화적 가치를 실현하고 확인하고자 하는 행위이기 때문이다.

디자인학 (學)을 꿈꾸며

'나는 저속한 군중 따위는 미워하나니…… 그들을 제발 침묵하게 하라'라고 노래한 로마의 시인 호라티우스 Quintus Horatius Flaccus(B.C. 65~B.C. 8)의 믿음은 오늘날까지 주된 가치로 존재하고 있는 듯하다. 그러나 침묵은 변화된 시대에서 더는 금森이 아니다. 더구나 학學을 꿈꾸는 디자인 담론의 공간에서 그것은 더 이상 금이어서는 안 된다. 만일 디자인이 진정으로 학이기를 꿈꾼다면 거기에는 다양한 담론들이 존재해야 하고, 그 담론들은 끊임없이 소통해야 한다. 담론의 존재가치는 소통에 있다. 물론 이 소통의 과정은 침묵과는 반대의 움직임이다. 담론 소통의 과정에서 이루어지는 크고 작은 재잘거림들, 그것은 한 영역이 살아있음을 확인하는 소리다. 이러한 소리 속에서 우리는 희망을 발견하게 된다. 오늘 우리는 그 희망을 기대하며 다음과 같이 노래해야 할 것이다. '디자인이여! 제발 침묵에서 깨어나라!'

맺음은 곧 또 다른 시작임을 믿는다. 맺음과 시작은 언제나 연결되어 함께 존재한다. 맺음의 힘으로 시작이 있고, 그 시작의 힘으로 맺음이 있다. 이제 하나의 맺음과 함께 또 다른 시작의 출발점에서 그 맺음을 있게 해주신 분들의 얼굴을 떠올린다. 우선 학부와 대학원 과정에서 디자인에 대한 이해와 사고의 기회를 마련해주신 서울대학교 산업디자인과의 민철홍 선생님, 부수언 선생님, 장호익 선생님, 그리고 김민수 선생님께 감사드린다. 또한 이 자리에서 일일이 열거할 수는 없지만 필자를 애정과 관심으로 도와주시는 많은 분들, 필자의 몸과 기질을 있게 해주신 부모님, 그리 안정되지 않은 삶의 상황에서도 항상 미소를 잃지 않고 곁에서 도와주는 사랑하는 아내에게도 고마움을 전한다.

1997년 9월

o 제2판에 붙여

이 책은 20대를 마감하면서, 그 길지 않은 기간의 디자인 사고를 담아낸 것이다. 어느덧 이 책이 처음 출판된 지 5년이라는 시간이 흘렀다. 출판사의 사정으로 책이 절판될 때만 하더라도 나는 그렇게 이 책을 시간의 흐름 속으로 흘려보내려 하였다. 그것이 이 책의 운명임을 믿으면서 말이다. 그러나 서재의 한구석을 차지하고 있는 이 책을 펼칠 때마다 만족스럽지 못한 표현과 허술한 내용, 그리고 매끄럽지 못한 글의 전개가 마음 한구석을 할퀴어댔다. 그래서인지 시지락의 최 범 선생님으로부터 재판에 대한 긍정적인 답을 들었을 때, 나는 스스로 깔끔한 마무리를 다짐하였다. 일부 내용과 이미지를 첨삭하고, 거친 표현들을 다듬었다. 그러나 나의 결심이 성취되었는지에 대해서는 자신이 없다. 그것은 물론 전적으로 나의 불성실함과 모자란 능력에 기인할 것이다.

2002년 4월

01
삶에서
디자인 보기

디자인과 키치! 그 사이에는 커다란 벽이 자리하고 있다. 이제 그 벽을 허물기에 앞서
그 벽의 정체는 무엇이며, 누가 그 벽을 만들었는지,
그리고 그로 말미암은 문제는 무엇인지를 이야기하려 한다. 이 이야기는 왜 우리가
그 벽을 허물어야 하는지에 대한 정당한 이유가 되어줄 것이다.

1

디자인에 대한 메타 담론[01]

'디자인이란 무엇인가'라는 물음

디자이너는 물론이고 디자인과 직·간접적으로 관계하는 사람이라면 누구나 한 번쯤 '디자인이란 무엇인가'라는 질문을 던져보았을 것이다. 대부분의 경우 이 질문은 자신이 관계하고 있는 디자인에 대한 좀 더 확실한 이해를 기대하면서 던져진다. 그러나 그 기대는 매번 좌절된다. '디자인이란 무엇인가'라는 물음은 우리를 명확한 답으로 안내하기보다는 꼬리를 물고 더 복잡한 의문의 심연 속으로 이끌기 때문이다.

    지금까지 디자인에 대한 다양한 정의들이 있었다. 디자인을 '목표

달성을 위한 문제 해결의 과정'으로 바라본 브루스 아처Bruce Archer, '의미 있는 질서를 부과하려는 의식적인 노력'으로 정의한 빅터 파파넥Victor Papanek, '미술과 산업이 만날 때 발생하는 것으로 대량생산된 제품이 어떤 모습이어야 할까를 결정하는 것'이라고 본 스티븐 베일리Stephan Bayley, 하나의 '시대정신'으로 본 우나미 아키라Akira Unami 등이 그 예들이다. 이 정의들은 디자인의 구체적인 모습을 그려내고자 하는 나름의 노력이라 할 수 있다. 그러나 이러한 많은 이들의 노력에도 불구하고 디자인이란 무엇인가에 대해 모든 사람이 인정하고 받아들일 수 있는 보편적인 합의는 아직 이루어지지 않고 있다. 반복적인 노력들은 오히려 그 의미에 대한 공통의 합의가 실현되기 어려운 것일지도 모른다는 불안한 느낌을 강화시킬 뿐이다.

우리는 디자인이라는 용어가 다양한 의미들과 대응되고 있다는 사실을 알고 있다. 실제로 이 용어는 대기업 디자인실에서뿐만 아니라 백화점 쇼윈도를 바라보는 여고생들의 재잘거림 속에서도 발견된다. 또한 일간지와 함께 배달되는 전단의 광고에서도, 머리를 다듬는 미용사의 명함 속에서도, 심지어 시골 오일장에서 물건을 팔고 흥정하는 아줌마들의 걸쭉한 재담 속에서도 발견된다. 물론 이들 각각의 경우 디자인이 의미하는 바는 다르다. 모양이나 생김새를 의미하는가 하면, 기능을 의미하기도 하고, 때로는 특별한 의미 없이 상품가치를 홍보하기 위한 장식적 수사로 사용되기도 한다. 실제로 영국의 디자인사가인 워커John A. Walker는 디자인이 갖는 이러한 다양한 의미들에 대하여 다음과 같이 기술한 바 있다.

그것은 어떤 과정(디자인하는 행위 혹은 실기)을 가리키기도 하며, 이러한 과정의 결과(디자인, 스케치, 시안도면, 모델), 혹은 어떤 디자인의 도움으로 만들어진 제품(디자인 상품), 혹은 제품의 생김새나 전반적인 형태("나는 저 드레스의 디자인이 마음에 들어요")를 가리키기도 한다.[02]

   디자인이라는 용어가 지시하는 이러한 다양한 의미들은 삶에서 각각의 실존적 가치를 가지고 존재의 당위성을 확보하고 있다. 삶의 다양한 맥락은 서로 다른 그 의미들이 뿌리를 내리는 토양이다. 현실은 그중 어느 하나만을 디자인의 참된 모습으로 단정하는 폭력보다는 서로 다른 모습의 디자인이 존재할 수 있음을 인정하는 열린 인식태도를 우리에게 요구한다. 이것이 디자인의 정체성에 대한 논의가 삶의 맥락으로부터 자유로울 수 없는 이유인 것이다.

   '디자인이란 무엇인가'라는 물음에 대해 시간과 공간을 초월한 절대적인 하나의 답은 존재하지 않는다. 거기에는 천 개의 답이 있을 수 있다. 천 개의 답! 그것은 진리의 모습을 보편성에서 찾고자 하는 의지에게는 불편한 것이다. 답이란 것은 항상 그 답이 자리하는 시공간의 맥락 속에서만 유효하다는 것을 그 의지는 받아들이려 하지 않는다. 그 의지에게 현실의 답들은 미완의 답이거나 틀린 답일 뿐이다. 그래서 그

의지는 또 다시 '디자인이란 무엇인가'를 묻는다. 하지만 아무리 그것을 묻고 답을 해도 그 움직임은 또 다른 답의 존재 가능성을 확인해줄 뿐이다. 그 의지가 상상하는 디자인에 대한 최종적인 답은 연기될 수밖에 없고, 앞으로도 계속 연기될 것이다.

'디자인이란 무엇인가'라는 물음은 현실 속에서 자신의 행위에 대한 의미와 가치를 확인받고 싶어 하는 디자이너들에게는 더욱 더 떨칠 수 없는 것이다. 지금까지 여러 이론가들과 디자이너들에 의하여 디자인에 대한 정의가 지속적으로 이루어져 왔음에도 불구하고 '디자인이란 무엇인가'라는 물음이 여전히 유효한 것은 바로 이 때문이다.

'디자인이란 무엇인가'라는 물음은 '삶이란 무엇인가'라는 철학적 물음에 비유될 수 있다. 왜냐하면 이 역시 하나의 절대적인 답을 기대하기 어려운 물음이기 때문이다. 지금까지 많은 이들이 삶에 대해 이야기해왔고, 지금 이 순간에도 이야기하고 있지만, 아직도 '삶이란 무엇인가'라는 물음에 대한 최종적인 답은 유보된 채로 남아있다. 인간은 본질적으로 자신이 왜 사는지에 대해, 그리고 삶의 의미에 대해 끊임없이 의문을 제기하는 존재다. 이 때문에 삶의 이유를 묻고 답하는 움직임은 계속될 수밖에 없는 것이다.

삶이 무엇인지를 묻는 이들은 자신의 의문을 풀어 줄 완전한 답을 상상한다. 하지만 현실에서 그 답은 항상 임시적이다. 물론 하나의 답은 언제나 답하는 순간에는 완전하고 최종적인 모습으로 다가온다. 그 답이 임시적이었다는 사실이 드러나는 순간은 또 다시 삶이 무엇인지를 물어야 하는 상황에 직면했을 때이나. 그 상황이 반복된다는 사실 때문에 삶이란 최종적인 답을 유보하는 과정이라고 할 수 있다.

우리가 지속적으로 삶의 의미를 묻고, 그것의 다양한 가능성을 찾아 나서는 것은 늘 연기되지만 유혹을 멈추지 않는 답, 바로 그 답을 찾아 나서도록 만드는 물음 자체의 성격에 기인한다. 유혹은 강력하다. 우리가 알고 있는 동화 속 주인공 소년이 잡을 수 없는 무지개를 찾아 나서도록 한 것도 이러한 유혹이었다. 가까운 동산에서 무지개는 소년에게 자신을 잡아보라고 유혹했다. 그 유혹에 기대어 소년은 그 동산에 오르지만, 저 멀리 뒷산으로 달아나버린 무지개만을 발견할 수 있을 뿐이다. 그곳에 가면 무지개를 잡을 수 있을 것이라고 믿고 다시 걸음을 재촉해보지만, 그곳에서도 소년을 기다리는 것은 또다시 저 멀리 달아나 버린 무지개의 손짓뿐이다. 여기서 무지개를 찾아 나서는 소년의 계속적인 움직임을 가능하게 한 것은 잡히지 않고 도망가는 무지개의 유혹이다.

마찬가지로 명확히 잡히지 않는 디자인은 피하기 어려운 하나의 유혹이다. 그것은 다양한 해석의 가능성을 열어놓고 우리를 기다린다. 그러한 기다림의 형상은 디자인이 진위의 문제가 아닌 해석의 문제라는 사실을 드러낸다. '디자인이란 무엇인가'라는 물음과 그 물음에 대한 답들이 계속 교차하는 과정에서 답들 간의 불일치와 모순은 피하기 어렵다. 이 상황이 혼돈스러운 풍경으로 비칠 수도 있을 것이다. 하지만 그 혼돈스러움이야말로 어쩌면 모순 없는 평화가 만들어내는 것 이상의 것을 가져다줄지 모른다.

　이러한 아이러니는 명확한 것을 그렇지 않은 것보다 우위에 두려는 시도들에 대한 성찰의 기회를 제공한다. 우리가 살아가는 이 세계에는 늘 같은 모습으로 경험되는 명확한 것들이 있는 반면, 시시각각 변화하고 그에 따라 다양한 모습을 가지며, 그래서 혼돈스러운 경험을 만들어내는 애매한 존재들도 적지 않다. 수학문제, 혹은 컴퓨터 프로그램의 명령어는 일관성과 내용의 명확성을 중요한 특성으로 하는 전자의 영역에 속한다. 그것들은 우연히 발생하지도 않고, 도중에 변하지도 않는다. 그것들의 특징인 명확성은 변화와 우연을 모르는 엄격함으로부터 기인한다. 이러한 존재들에 있어 명확성의 상실은 곧 그 자체의 존재 가치를 의심스럽게 한다. 1+1의 답이 때로는 2가 되고 때로는 5가 된다면, 그것은 참으로 당황스러운 일이 아닐 수 없다. 이 물음에 대한 답은 2라는 고정적인 지점을 향해야 하고, 그럴 때에만 의미가 있는 것이다.

　그러나 삶, 문화, 경험, 이미지 등과 같은 것들은 다양한 해석의 가능성과 명확하지 않은 성격이 오히려 존재를 더욱 가치 있게 하는 영역에 속한다. 그것들은 속성상 끊임없이 변화하고 움직인다. 그 때문에 우리는 명확함과는 다른 방식으로 그것들과 관계하고, 수학문제를 접하였을 때와는 다른 것들을 그 관계를 통해 기대한다. '삶이란 무엇인가'라는 물음이 가치 있는 것은 구체적인 하나의 답이 아닌, 다양한 해석의 가능성에 열려있기 때문이다. 이 물음은 해석을 기대하는 문제이지 진위眞僞를 따지는 문제가 아닌 것이다.

'디자인이란 무엇인가'라는 물음은 어디에 자리할까? 한때 디자인이 수학이나 과학의 모습이기를 욕망했던 이들이 있었다. 물론 지금도 그러한 욕망을 유지하고 있는 이들이 있다. 그러나 그러한 욕망 아래서 등장한 답들은 오래가지 못했다. 여전히 그들은 의욕을 가지고 디자인에 대한 최종적인 답을 찾아 나서겠지만, 최선의 경우에 디자인을 설명하는 다양한 가능성들 중 하나를 찾을 수 있을 뿐이다. 그들은 자신들이 찾은 것을 최종적인 답으로 규정하고 싶을 것이다. 하지만 소년에게 무지개가 그랬던 것처럼, 멀리서 손을 흔들며 다시 디자인이 무엇인지 묻게 하는 현실과 마주할 수밖에 없다.

디자인은 우리가 최종적인 결론짓기를 연기하도록 끊임없이 요구한다. 디자인의 최종적인 정의가 연기된다는 것은 현실의 디자인을 보다 역동적이게 만든다. 왜냐하면 다양한 관점에 바탕을 둔 디자인 보기들이 계속하여 등장할 수 있기 때문이다. 그것들은 서로 만나고 반응하면서 소리를 낼 것이다. 그 소리는 소음이 아니다. 그것은 디자인 영역이 살아있음을 증명하는 생명의 소리에 가깝다.

관점은 태도와 행위를 규정한다

어떤 대상을 이해할 때 그 대상을 바라보는 시선이 놓인 위치, 즉 보는 관점을 확인하는 것은 매우 중요하다. 왜냐하면 대상은 보는 관점에 따라 다양한 모습으로 존재할 수 있기 때문이다. 가령 테이블 위에 놓인 원기둥을 바라보는 두 개의 시선이 있다고 가정해보자. 한 시선은 대상을 위에서 보고 있고, 다른 시선은 정면에서 보고 있다고 한다면 각각의 시선에 비친 원기둥의 형상은 같을 수가 없을 것이다. 이 두 시선은 같은 대상을 보고 있음에도 서로 다른 부분을 보고 있기 때문이다. 지각한 원기둥의 형상이 다르다고 해서 하나는 원기둥이고 다른 것은 원기둥이 아니라고 말할 수는 없다. 두 형상은 모두 원기둥의 모습이기 때문이다.

관점은 대상을 보는 입장이다. 관점은 무엇을 보고, 무엇을 보지 않을 것인지, 그리고 어떻게 볼 것인지를 결정한다. '뭐 눈에는 뭐밖에 안 보인다'라는 속담은 바로 관점에 따라 변화하는 대상의 문제를 지적하는 것이다. 관점은 한 대상을 바라보는 주체와의 관계에서 설명되어야만 한다. 왜냐하면 주체가 없는 보는 행위란 존재하지 않기 때문이다. 주체는 자신의 관점을 통해 대상을 본다. 그리고 보는 행위를 통해 대상에 대한 자신의 이해를 만든다. 해석학자인 팔머Richard E. Palmer는 다음과 같이 그 관계를 설명하고 있다.

아무런 입장도 갖지 않은 주체란 있을 수 없으며, 따라서 무입장적인 이해란 것도 있을 수 없다. 이해는 항상 일정한 입장에서 이루어진다. 왜냐하면 이해는 역사 속에서 주어진 일정한 시간적·공간적 범위에서 행해지기 때문이다.[03]

팔머의 주장에 따르면 보는 행위는 시간적·공간적 범위 내에 존재하는 어떤 입장을 가진 주체를 전제로 한다. 때문에, 대상에 대한 이해는 시간적·공간적 제약을 받을 수밖에 없다. 모든 주체의 눈은 시간적·공간적 상황과 어떤 입장에 오염되어 있다. 따라서 대상을 마치 투명한 눈으로 보는 것처럼 이야기해온 수많은 주체들은 자기 시선의 투명성을 이야기하는 순간 기만의 길로 들어서게 된다. 특정한 입장에 오염되어 있는 시선을 아무리 닦아낸다 하더라도 투명하고 객관적인 바라봄은 불가능하다. 대상을 투명하고 객관적으로 바라볼 수 있는 눈은 인간의 눈이 아닌 것이다.

'어느 위치에서 대상을 보는가'라는 관점이 중요한 것은 그것이 대상에 대한 이해를 결정할 뿐만 아니라, 그 대상에 대한 태도와 행위에 영향을 주기 때문이다. 코끼리에 대한 시각장애인들의 서로 다른 이해는 단순히 코끼리에 대한 이해를 달리한다는 지점에 머무르지 않는다. 코끼리를 만진 후 그들 각각이 경험한 코끼리에 대한 이해는 삶에서 코끼리에 대한 그들의 태도와 행위를 변화시킨다. 사랑을 '아끼고 위하는 따뜻한 마음'으로 이해하는 사람과 '눈물의 씨앗'으로 이해하는 사람이 사랑하는 방식은 다를 수밖에 없다. 관점은 한 대상의 개별적인 이해를 만들어 내고, 그 이해는 대상에 대한 태도를 구체화한다. 그리고 태도는 또한 대상과 관련된 주체의 구체적인 행위를 만들어낸다.

현실에서 벌어지는 디자인의 내용과 관련 현상들을 이해하기 위해서는 거기에 관여된 주체들이 어떤 입장에서 디자인을 바라보고 있는지를 이해하는 것이 무엇보다도 중요하다. 같은 맥락에서 디자인에 대한 지금까지의 다양한 주장들 또한 디자인에 대한 관점과의 관계에서 고찰될 때, 그 내용과 한계를 더욱 명확히 이해할 수 있을 것이다.

관점은 대상을 정의하는 방식에 의해 구체화된다. 정의라는 것은 일반적으로 두 축을 결합시키는 움직임이다. 정의 대상이 하나의 축이라면 다른 축은 그 대상을 서술하는 내용이다. 정의는 하나의 축을 다른 축을 통해서 설명하는 방식을 취한다. 즉, 'A는 B다'라는 은유 체계를 따르는 것이다. 은유의 구조는 어떤 대상, 혹은 개념(A)을 이해하거나 설명할 때 다른 대상이나 개념(B)을 끌어들인다. 여기서 다른 대상이나 개념(B)은 은유를 구성하는 주체가 이미 이해하고 있는 내용일 뿐만 아니라 그에게 익숙한 대상이다. 이것이 많은 대상들 중 '왜 하필 B인가'라는 의문의 답이 될 수 있다. 하나의 대상 A가 다른 것이 아닌 대상 B에 의해 한정되는 것은 은유를 구성하는 주체의 관점이 필터로 작용하기 때문이다. 주체가 대상 A를 어떻게 바라보는지는 B를 통해서 드러난다. 대상 B는 주체가 경험한 많은 것들 중 선택받음으로써 그 권리를 얻었다. 결국 우리는 B의 내용을 통해 주체의 입장을 읽을 수 있는 것이다.

만일 주체가 어떤 관점을 통해, 즉 어떤 위치에서 디자인을 바라보고 있는가를 알 수 있다면, 우리는 오늘날 디자인의 구체적인 현상들과 행위들을 더욱 깊이 이해할 수 있을 것이다. 이러한 고찰방식은 보이는 것보다 더 많은 것들을 우리에게 보여준다. 나는 그 시선들이 자리한 위치를 은유가 제작된 경로를 역추적함으로써 찾아내고자 한다. 그것은 바로 가시적인 현상들로부터 그 이면에 숨겨진 주체의 관점과 태도를 드러내는 작업일 뿐만 아니라, 현상을 발현시키는 힘의 구조를 밝히는 작업이 될 것이다.

//
2

생산의 영역에서 디자인 보기

마술과 디자인

1996년 6월 13일, 중앙일보에 연재기사 하나가 등장하였다. '디자인이 살면 경쟁력도 산다'라는 표제의 이 기사에서 디자인은 '상품가치를 높이는 마술'로 묘사되었다.[04] '상품가치를 높이는 마술'은 디자인을 바라보는 서술 주체의 입장과 관점을 드러내는 은유적 표현이라고 할 수 있다. 그 입장과 관점이 무엇인지는 상품가치를 높이는 활동이 어디에서 이루어지는 것인지를 떠올리는 것만으로도 어렵지 않게 알 수 있다.

상품가치를 높이는 움직임은 상품을 생산하는 영역에서 관심을 가지는 사항이다. 상품의 가치를 높여야 소비자들의 호응 속에서 판매를 확대할 수 있고, 그래야 더욱 많은 이윤을 얻을 수 있기 때문이다. 따라서 이 은유적 표현으로 디자인을 정의하려는 주체가 자리하는 지점 역시 생산의 영역이라 할 수 있다. 자연스럽게 디자인을 바라보는 주체의 관점 또한 그곳에 위치한다. 생산의 영역에서 디자인을 바라보는 주체, 즉 상품의 가치를 향상시켜 경제적 이윤을 확대하고자 하는 주체에게 디자인은 단지 상품가치를 높이는 도구이자 수단일 뿐이다. 이것이 기사의 서술 주체가 디자인을 바라보는 관점이다. 중요한 것은 이 관점이 당시는 물론이고 십수 년이 지난 오늘날에도 여전히 유효하다는 사실이다.

　존재하는 모든 것이 그렇겠지만 마술에도 밝은 면과 어두운 면이 있다. 일반적으로 통용되는 규칙을 넘어서는 능력을 통해 마술은 놀라움과 즐거움의 경험을 우리에게 제공한다. 모자에서 비둘기가 나타나거나, 주먹 속의 동전이 기합 소리와 함께 다른 주먹으로 이동하는 것은 일상에서는 찾아보기 어려운 현상이다. 이 때문에 우리는 마술을 보면서 새로울 것 없이 반복되는 일상의 지루함에서 벗어날 수 있고, 그러한 경험에 열광하는 것이다. 이것은 마술이 만들어내는 긍정적인 측면이다. 그러나 마술은 교묘하게 눈을 속임으로써 자신의 존재를 확인받는다. 모자에서 비둘기가 나타나거나, 순간적으로 동전이 다른 손으로 이동하는 것은 사실 눈속임에 불과하다. 기만을 통해서만 존재할 수 있다는 사실은 마술의 어두운 측면이라고 할 수 있다.

디자인을 도구적 차원에서 바라보는 것은 오늘날 우리 사회의 지배적 시각이다. 디자이너들 또한 디자인을 단순히 상품생산과 관계하는 것으로만 이해하고 있는 현실은 그 시선의 자기장이 얼마나 강력한 것인지를 느끼게 한다. 여기서 디자인은 상품생산과 관계하는 여러 생산기술 영역들과 같은 지위를 부여받고, 자본의 논리에 의해 그 움직임이 통제된다. 자본의 논리는 모든 것의 존재가치를 경제적인 차원에서만 설명하려 한다. 신자유주의가 강력한 영향력을 행사하고 있는 오늘날, 자본의 논리는 끊임없이 자신의 이데올로기를 재생산해내고 그 이외의 것들을 빠르게 감염시키는 일종의 바이러스와 같은 존재다. 그 바이러스에 감염되는 순간 모든 존재는 경제적 가치를 가장 고귀한 것으로 노래한다. 자본의 논리에 감염된 디자인은 '이윤을 따른다'라는 주문만을 웅얼거릴 뿐이다.

1990년대 중반, 현재 디자인진흥원의 전신인 산업디자인포장개발원에서 발행한 『우수 산업디자인 상품 선정집』이라는 책의 표지에는 흥미로운 그림이 등장한다. 'Good Design' 마크와 나란히 놓여 있는 그림은 많은 것들을 이야기하고 있다. 무엇보다 디자인을 어떻게 보는지에 대한 주체의 이해를 드러내고 있다. 주체는 경쟁의 무기로 디자인을 이해하고 있다. '국제 경쟁력'이라는 문구도 그렇지만, 그림 속 두 인물이 '산업디자인'이라고 쓰인 칼을 들고 싸우는 광경은 이러한 해석을 뒷받침한다. 그뿐만 아니라 주체는 디자인을 장식과 포장의 수준에서 이해하고 있다. 왜냐하면 투구에 더듬이와 뿔 같은 장식을 하고, 어

◦ **품질, 표준화, 끝마무리** 이것은 「우수 산업디자인 상품 선정집」 표지에 Good Design 마크와 나란히 놓여있는 그림이다. 우리의 Good Design 제도는 사용의 영역에서 디자인을 평가하는 듯하지만, 이 그림은 그것의 생산 중심적인 성격을 증명하고 있다.

깨에는 망토를 걸치고, 좀 더 다양한 색상으로 표현된 인물이 싸움에서 이기는 것으로 표현되어 있기 때문이다. 실제로 그 인물의 칼은 허공을 향한 상대의 칼과는 달리 적의 가슴을 향하고 있다. 그가 우리나라 지도를 디디고 서 있는 것 또한 예사롭지 않다. 두 인물의 가슴에 새겨진 '기술개발'이라는 문구는 그 주체가 디자인을 기술이라는 맥락에서 이해하고 있음을 보여준다. 더욱이 인물들이 자리하고 있는 지구 형상에는 '품질, 표준화, 끝마무리'라고 쓰여 있다. 잘 알겠지만 이것은 공장 입구 현수막에서나 볼 수 있는 문구다.[05]

    생산의 영역에서 디자인을 보는 주체는 생산과정에서 상품가치를 극대화하는 것으로, 즉 반도체 칩을 개발하고 생산하는 것과 같은 기술의 차원에서 디자인을 이해한다. 디자인이 마술일 수 있는 것은 기술개발에 소요되는 시간과 비용보다 더 적은 시간과 비용으로 상품가치를 높여준다는 믿음 때문이다. 만일 디자인이 상품가치를 향상시키는 마술을 행할 수 없게 된다면, 모든 사람이 그 속임수를 알아버린 마술의 운명과 다르지 않은 처지에 놓일 것이다.

생산 중심적 디자인 보기의 문제점

생산 중심적 디자인 보기는 그 관점이 가지는 성격 때문에 다음과 같은 문제점과 바람직하지 못한 상황들을 만들어 낸다. 그것은 첫째로 디자인 담론을 제한한다. 하나의 담론은 그 영역의 흐름과 관심을 반영하는데, 오늘날 디자인 영역에서 소통되는 담론은 생산, 혹은 유통과 관련된 부분으로 제한되어 있다.[06] 이것은 디자인이 우리의 실제 삶과 관계하기보다는 생산의 입장에서 기업의 이상[07]을 실천하고 있다는 증거인 것이다. 아이디어 발상기법, 스케치와 모델제작의 기술, 금형과 플라스틱의 사출과 관련된 이론, 디자인을 통한 마케팅 기법, 컴퓨터 프로그램의 사용법과 그 다양한 응용들, 디자인 방법론, 디자인 경영, 굿 디자인에 대한 이야기 등은 그 구체적 내용이다.

여기서 우리는 주체의 관심이 이미지와 사물들의 수용 양태가 아니라 생산과 판매에 있다는 것을 알 수 있다. 이러한 관심은 현실에서 또 다른 유사 담론들을 재생산해 내면서 디자인 담론을 제한하는 것이다. 생산의 영역에 위치한 디자인 담론은 구체적인 디자인 행위에 영향을 주고, 디자인 행위는 또 다른 생산 중심적 디자인 담론을 만들어 낸다. 아직도 바우하우스의 조형원리나 디자인 방법론의 시스템적 접근방식은 절대적인 것으로 인식되고 있다. 그 결과 사용자에 대한 애정과 이해가 아닌, 시각을 통해 확인되는 조형의 문제가 디자인의 핵심적 내용으로 받아들여지고 있는 것이다.

혹자는 사용자가 디자인에서 주된 관심의 대상이라고 항변할지 모른다. 사용자 중심 디자인이나 사용자 조사와 같은 이야기를 늘어놓으면서 말이다. 하지만 이 경우에도 주된 관심은 삶의 주체로서의 사용자가 아니라 돈을 지급하고 상품을 구입하는 존재로서의 소비자에 있다. 사물과 이미지가 현실의 삶에서 제공하는 다양한 경험이 돈이라는 안경을 통해 지각되면서 행복한 삶이나 가치 있는 삶에 대한 디자인적 관심은 더더욱 희박해져 가고 있다. 삶에 대한 무관심과 깊이 없는 사고가 하나의 순환 고리를 이루며 반복되고 있는 것이다.

어느 날 서울의 2호선 지하철 안에서 한 소녀가 "엄마, 왜 지하철이 거꾸로 가?"라고 물었다. 엄마는 당황하며 지하철 노선도를 쳐다볼 뿐이다. 바뀐 2호선 지하철 노선도는 디자인에 대한 생산 중심적 이해가 실제 삶과 어떻게 괴리될 수 있는지를 보여준다. 노선도에는 잠실 역이 표시되어야 할 자리에 구로공단 역이, 이화여대 역이 표시되어야 할 자리에 건국대 역이 표시되어 있다. 이 때문에 많은 승객들은 자신이 내려야 할 역을 지나쳤다고 착각하고 허둥대었다. 이러한 실수의 주인공은 누구나 될 수 있다. 그 가능성 앞에서 사람들은 2호선 지하철을 탈 때면 긴장을 해야 했다.

지하철의 쇼를 만들어 내는 원인은 물론 노선도에 있었다. 바뀐 노선도 자체의 이미지는 기하학적 형태를 조합하여 깔끔하게 정리되어 있지만, 그 노선도는 노선도로서 가치를 상실하고 있다. 실제 삶에서 노선도의 의미를 이해하고, 일상 주체들의 경험 방식과 내용을 바탕으

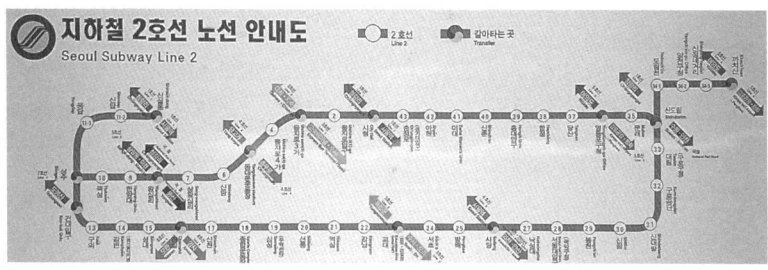

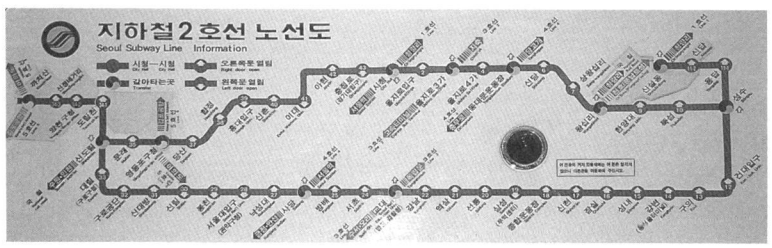

◦ 좌우가 바뀐 서울 지하철 2호선 노선도 (위)
◦ 올바르게 표현된 서울 지하철 2호선 노선도 (아래)

로 디자인이 이루어졌다기보다는 관성에 의한 디자인스러운 형태의 재배치만을 보여준다. 거기에는 형식에 대한 나르시스적인 취기가 존재한다. 디자인을 자와 컴퍼스로 그린 형태의 조합, 혹은 그러한 행위라고 보는 취기 어린 시선을 여기서 읽어낼 수 있다. "엄마, 지하철이 왜 거꾸로 가?"라는 순수한 동심의 호기심 어린 질문에 당혹스러워하는 엄마의 모습은 삶의 경험들을 외면한 생산 중심적 디자인 보기가 만들어낸 풍경임이 틀림없다.

생산 중심적 디자인 보기가 지배적인 것이 될 때 생기는 또 하나의 문제는 디자인에 대한 계급적 이해를 만들어낸다는 것이다. 계급적 이해 방식은 항상 무언가를 나누고, 나누어진 것들에 서열을 매긴다. 그리고 그렇게 배열된 질서를 자연스러운 것으로 인식하게 한다. 디자인 행위 주체로서 디자이너와 아닌 사람, 디자인된 사물과 되지 않는 사물, 디자인의 대상이 되는 것과 그렇지 못한 것을 구분하고 후자를 열등한 것으로 규정하는 것이다.

'바늘에서 우주선까지!' 디자인의 대상이 무엇인지를 이야기할 때마다 등장하는 말이다. 이 말은 우리를 둘러싼 모든 인공물이 디자인의 대상이라는 점을 함축적으로 표현하고 있다. 하지만 누군가 우리 주위에서 바늘을 디자인하는 디자이너를 찾으려 한다면, 그는 곧 그것이 어려운 일임을 깨닫게 될 것이다. 설령 그가 바늘을 디자인하는 디자이너를 찾는다 하더라도 디자인계가 그를 디자이너로 인정해 줄지는 여전히 의문으로 남는다.

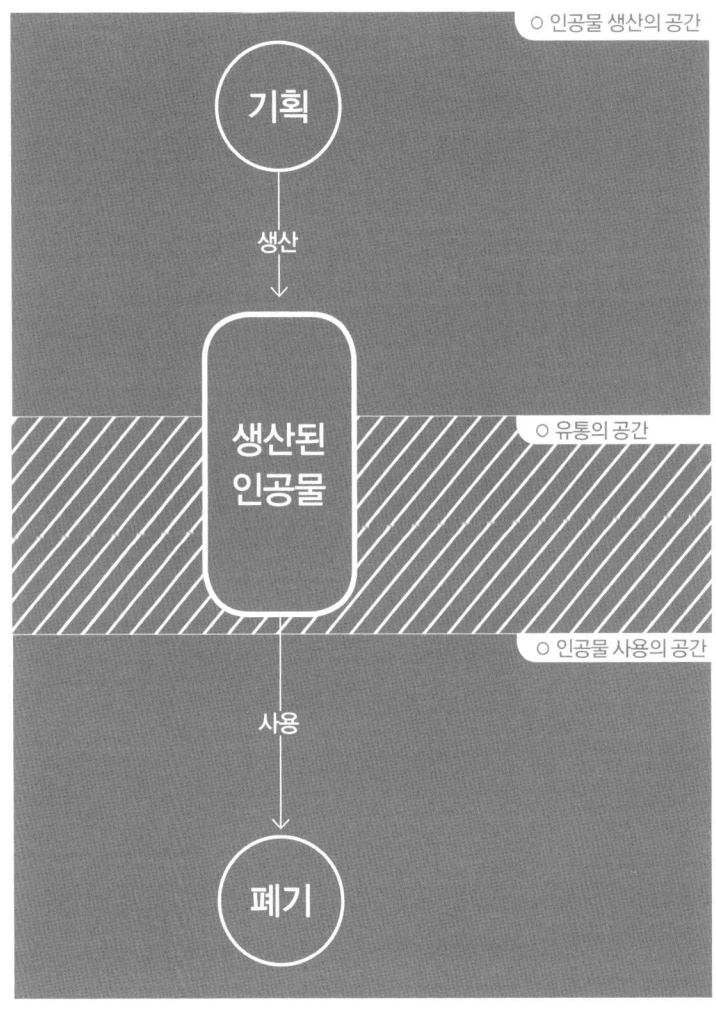

인공물 존재의 영역

◦ 공중전화 대신 그 자리를 차지한 시계

바늘뿐만이 아니다. 디자이너와 거리의 간판을 제작하는 사람의 관계는 화가와 극장의 영화 홍보용 그림을 그리는 사람의 관계와 유사하다.[08] 만일 어느 정도 이름이 알려진 디자이너가 삼겹살을 파는 식당의 간판을 디자인하거나, 길거리에 뿌려지는 광고용 전단을 디자인한다고 상상해 보자. 디자인계에서는 이러한 디자인들을 가치 있는 경력으로 인정하지 않는다. 적어도 'ㅇㅇ전자의 냉장고 디자인개발', '△△자동차의 2013년형 자동차 디자인개발', 'ㅁㅁ 기업의 CI 디자인개발' 정도는 되어야 하나의 경력으로 의미를 지닌다고 믿는다.

더욱이 관광지 곳곳에서 쉽게 볼 수 있는 기념품들, 카인테리어라는 이름으로 행해지는 장식들, 지하철 안에서 팔리는 가제트 상품들, 종업원을 모집한다는 거리의 원색적인 포스터들을 디자인된 결과라고 이야기하지도 않는다. 이것들은 오히려 디자인의 세례를 통해 다시 태어나야 할 대상들로, 혹은 그것도 모자라 본래부터 디자인의 대상이 되지 않는 것으로 여겨지기 일쑤다. 오늘날 어떠한 이론도 이것들이 왜 디자인의 영역 밖에 위치해야 하는지를 시원스럽게 답하지 못하고 있다. 만일 '디자인된 것'의 의미가 디자이너의 손을 거친 것들을 의미한다고 하더라도, '누구를 디자이너라고 할 것인가?', 혹은 '어떠한 자격을 가진 이들을 디자이너라고 할 것인가?'라는 또 다른 어려운 문제와 만나게 된다.

무엇보다도 중요한 점은 실제 삶의 주체들은 자신을 둘러싸고 있는 인공물환경과 관계할 때, 이러한 구분으로부터 자유롭다는 사실이

다. 삶 속에서는 소위 디자인된 인공물과 그렇지 못한 인공물이, 혹은 디자인의 대상이 되는 것과 그렇지 못한 것이 위에서처럼 구분되지 않는다. 일상에 자리하는 모든 인공물은 삶의 환경 속에서 나름의 의미가 있으며, 경험을 구성하는 매개로서 동일한 위상을 가질 뿐이다.

   삶과 인공물 사이의 관계에서 우리가 주목해야 할 부분은 인공물이 실제 삶의 맥락에서 가지는 개별적인 의미들과 의미들의 변화, 그리고 주체들의 다양한 경험이다. 다시 말해 실제 삶에서는 디자인 과정을 거쳤는지의 유무(有無)가 아니라, 사용과정에서 인공물에 담기는 의미와 맥락에 따라 달라지는 사용 그 자체가 중요할 뿐이다.

   생산 중심적 디자인 보기가 만들어내는 세 번째의 문제점은 사용자에 대한 해석에서 찾을 수 있다. 물론 생산 중심적인 디자인 보기를 내면화한 주체들이 사용자의 존재를 전적으로 무시하는 것은 아니다. 분명 그들은 사용자의 필요와 편리를 이야기한다. 그러나 문제는 그들이 이야기하는 사용자가 살아있는 존재, 창조적인 존재, 개별성을 지닌 존재인가 하는 점이다. 그들에게 사용자는 수동적이고 집합적이며 창조적이지 못한, 일종의 로봇과 같은 존재다. 이러한 이해를 극복하기 위한 지속적인 노력에도 불구하고, 관점이 갖는 한계로 인해 박제된 동물과 같은 존재로 사용자를 보는 움직임은 쉽게 변하지 않고 있다.

   그 하나의 예를 우리는 '사용성 평가'에서 찾을 수 있다. 사용성 평

◦ 원색적 포스터 (종업원 모집)

가는 대부분 실험실에서 이루어진다. 그 공간은 분명 실제 삶의 맥락과는 다르다. 이곳에서의 실험을 통해서는 피실험자의 경험과 믿음이 사물의 인지에 미치는 영향들을 확인할 수 없다. 뿐만 아니라, 심리상태나 실험시간에 따라 달라지는 결과도 명쾌하게 설명하고 담아낼 수 없다. 너무나도 많은 변수가 존재하는 삶이라는 상황은 실험실의 상황과는 다를 수밖에 없고, 삶에서 사물을 이용하는 사용자 역시 실험실에 자리하는 존재와 같을 수 없다. 실험은 말 그대로 실험일 뿐이다.

    그럼에도 이러한 실험의 결과는 통계 프로그램을 통해 진실성이 부여되고, 디자인 작업에 적용된다. 이 과정에서 개별적인 사용자는 수동적이고 침묵하는 평균의 존재로 환원된다. 나열된 숫자들이 그의 존재를 확인해줄 뿐이고, 편리는 움직임의 길이로 평가된다. 삶에서 우리가 경험하는 욕망과 모순에 가득 찬 사용자들의 모습은 어디에서도 찾을 수 없는 것이다.

3

사용의 영역에서 디자인 보기

사용의 영역에서 디자인을 본다는 것은 사물과 이미지의 수용 공간, 즉 사용 주체가 자리한 문화의 대기권 내에서 인공물이 만들어내는 다양한 의미들과 사용 주체의 경험에 관심을 가진다는 것을 뜻한다. 사용의 영역에서는 디자인된 것과 디자인의 세례를 받지 못한 소위 통속적인 것들이 한자리에 존재한다. 이 공간에서 인공물들은 경제의 논리가 아닌 삶과 문화의 논리에 의해서 평가받는다. 이 때문에 사용의 영역에서 디자인을 본다는 것은 생산 중심적 디자인 보기가 가정하는 모든 내용을 삶과의 관계 속에서 재해석한다는 것을 뜻한다.

　이 공간에서의 관심은 보드리야르적 의미의 생산물, 즉 상품과 이미지가 어떻게 생산되고, 그곳에서 디자인의 역할은 무엇인가라는 물음에 있기보다는, 보드리야르적 의미의 물건이 삶의 맥락 속에서 어떤 의미를 파생하면서 유통되는지와 그 물건과 관계하는 주체의 경험으로 이동한다.[09] 이 공간에서 인공물은 경험의 매개체로 존재하면서 일상의 고유한 의미들을 획득하고 발산한다. 이 때문에 일상에서 인공물은 의미와 가치에서 중립적인 존재일 수 없다. 거기에는 삶의 사회적, 문화적, 역사적 내용과 흔적들이 배어 있다.

　디자인은 더 이상 상품생산 이전에 완료되는 활동도 아니고, 제작된 상품을 통해서만 그 모습을 드러내는 것도 아니다. 그것은 사용자에 의해 구매되고, 사용되고, 죽어 없어지는 모든 과정에 존재한다. 여기서 디자인은 이미지와 상품을 만들어 내는 과정과 그 산물을 지시하는데 머무르지 않고, 인간의 실존적 삶과의 관계에서 지속적으로 발생하는 의미작용과 현상들을 포함한다. 앞의 생산 중심적 디자인 보기에서 디자인은 생산물의 생산과 더불어 완료되지만, 사용 중심적 디자인 보기는 그렇게 생산된 산물들이 우리의 삶 속에서 만들어 나가는 다양한 사건들에 관심을 가진다.

　사용의 영역에서 보았을 때 디자인은 일부의 전유물일 수 없다. 그것은 삶과 관계하기 때문에 삶의 모든 주체는 디자인의 주체로 존재할 수 있다. 삶이 디자인이 되고 디자인은 삶의 문제가 된다. 물론 디자인

◦ **다양한 모습의 쓰레기통** 생산의 영역에서는 쓰레기통이 이렇게 사용될 것이라고 가정하지 않는다. 사용의 과정은 생산의 영역에서 이루어지는 가정으로부터 벗어나는 과정이다.

의 평가 또한 다양한 삶의 맥락들 가운데 자리하는 개별 주체들과의 관계에서 이루어진다.

생산 중심적인 공간에서 보았을 때, 사용자는 숫자에 의해서 구체화되고 수동적인 로봇과 같은 존재였다. 디자이너들은 자신들이 상상하고 꿈꾸는 방식으로만 존재하는 이들로 사용자를 이해하였다. 그러나 사용의 관점에서 보았을 때, 사용자는 수동적이고 평균화된 존재가 아니다. 그들은 자유로운 상상을 바탕으로 구체적인 삶의 내용과 의미를 만들어내는 창조자인 것이다.

사용의 영역에서 사물은 일종의 기능 축적물로만 존재하는 것이 아니라, 사용자들의 자유로운 해석과 의미부여 과정에 열려 있는 의미체로 존재한다. 여기서 사용자는 사물의 실존적 모습을 완성히는 새로운 디자이너가 된다. 예를 들어 부채는 부채질을 통해 바람을 만들어 내고 이를 통해 땀을 식히기 위한 용도로 만들어지지만 실제 삶에서는 그 이상의 모습으로 존재한다. 부채질을 하기 위해서는 물론이고, 얼굴을 가리기 위해서도, 접어서 등을 긁기 위해서도, 가락에 따라 장단을 맞추기 위해서도 존재한다. 이러한 일련의 이탈적 과정에서 부채는 실존적 모습을 획득하는 것이다.[10]

생산 중심적 디자인 보기를 내면화한 디자이너들은 독립적이고 순

○ **쓰레기를 소각하기 위한 도구** 타고 남은 재를 치우기 위한 하단부의 문, 중간에 뚫린 공기구멍, 태울 쓰레기들이 공기의 흐름을 방해하지 않도록 박아 넣은 철심 등은 실제 삶에 존재하는 디자인의 구체적인 예를 보여주고 있다.

수한 사물의 존재 가능성을 상정한다. 그리고 그것이 실제 삶에서도 유효할 것이라고 믿는다. 이러한 인식의 지점에서 자동차는 운송수단으로 규정되고, 컵은 물이나 커피를 담아 마시기 위한 용기로 정의된다. 그러나 실제 삶에서 자동차와 컵은 사용 주체의 계급이나 취향, 미감 등을 드러내는 중요한 매개물로 사용된다. 디자이너들의 믿음에 찬 가정들은 무시되기 일쑤인 것이다.

그림의 「Lighting Glove」는 청각장애인을 위한 도구로서, 어두운 곳에서도 원활하게 커뮤니케이션을 할 수 있도록 도와주는 사물이다. 적어도 이것을 디자인한 주체의 처음 의도는 그것이었다. 그러나 사용의 영역에서 이 사물은 디자이너가 의도한 대로만 존재하지는 않을 것이다. 경매장 수신호의 도구, 어린이들의 장난감, 혹은 백화점의 상품 전시를 위한 소품 등등 다양한 모습으로 사용될 것이다. 이러한 사용자들의 창조적 사용과정만이 이것을 추상적이고 개념적인 존재가 아닌 실존적 존재로 만든다.

사용자는 능동적이고 창조적 존재다. 그들은 의미의 공간을 또 다른 의미로, 기능의 공간을 또 다른 기능으로 채워간다. 그리고 새로운 경험이 만들어 내는 기억을 소비한다. 사용의 관점에서 디자인 보기라는 방식은 이러한 사실을 확인하는 과정이자 노력인 것이다.

◦ 부채의 다양한 사용

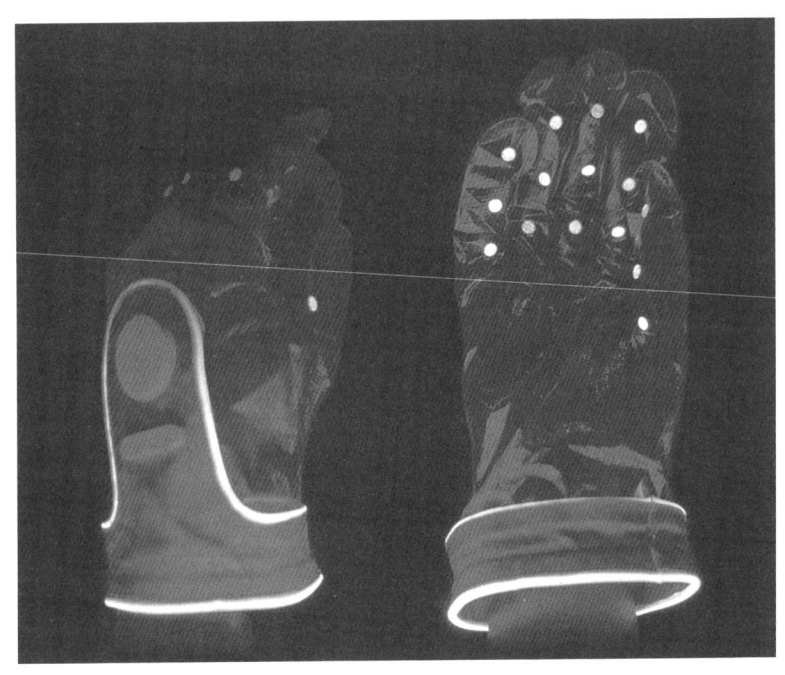

○ **Lighting Glove** 오창섭 디자인. 고이즈미 국제 조명디자인 공모전 은상 수상작. 1996
어두운 곳에서도 청각 장애자들이 그들의 언어로 소통 가능하도록 하는 것이 이 제품의 디자인 과정에서 내가 의도하였던 내용이다. 그러나 실제 삶에서 이러한 필자의 의도는 일정 부분 무시될 것이고, 예측할수 없는 또 다른 기능과 의미를 위해 사용될 것이다. 그것은 또 하나의 창조의 과정이다.

디자인 담론의 영역으로 키치 입성

디자인은 단순히 인공물의 제작과정에만 자리하는 것이 아니다. 사용 과정에서 발생하는 여러 창조적 행위와 그 결과들에도 자리하기 때문이다. 사용의 관점에서 디자인 보기는 바로 이러한 내용을 주목한다. 물론 사용이란 것이 제1 창조 과정[1]을 통해 생산된 산물들을 매개로 하는 것이기 때문에 그 과정과 결과물들에 대한 내용이 배제될 수는 없다. 하지만 인공물은 실제 삶과 관계하기 위해 등장하는 것이고, 제2 창조 과정을 통해 실제 삶과 연결된다는 점을 떠올릴 때 사용의 과정은 무엇보다 중요한 가치를 지닐 수밖에 없다. 그것은 관계가 만들어 내는 의미와 경험을 주목한다. 제1 창조 과정에서 제2 창조 과정으로의 이행은 '개별적이고 물질적인 차원'에서 '관계가 만들어 내는 의미와 경험의 차원'으로 이행하는 것이기 때문이다.

사용의 관점에서 볼 때 디자이너가 디자인을 한 것인지 여부는 중요성을 갖지 못한다. 그것과 관계없이 모든 인공물은 사용이라는 창조적 과정을 통해 가능성을 확인받는 동등한 가치의 대상들이기 때문이다. 사용 중심적 디자인 보기의 주된 관심은 디자인된 대상인지 아닌지에 있지 않다. 삶의 맥락에서 사용 주체와 인공물의 관계에서 이루어지는 의미작용과 경험들이야말로 주된 관심의 대상이다.

따라서 사용의 관점에서 디자인 보기는 생산 중심적 디자인 보기가 디자인의 대상이 될 수 없다고 거부하는 키치적 산물들을 디자인된 산

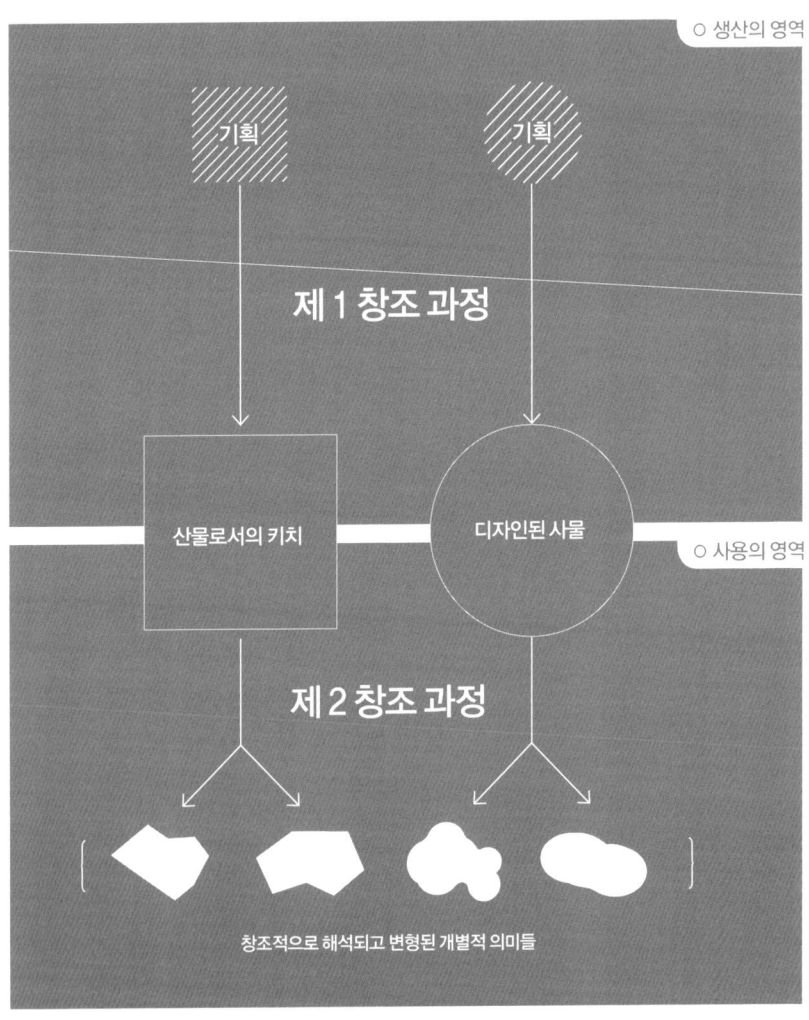

일상 삶의 공간에서 이루어지는 제2의 창조 과정

물들과 함께 논의할 것을 요구한다. 그것은 키치가 디자인 담론의 영역으로 진입할 가능성을 열어준다. 생산 중심적 관점으로 디자인을 이해하는 주체는 키치를 디자이너가 아닌 이들에 의해서 제작된 것이고, 디자인의 세례를 받지 못한 것이며, 따라서 디자인의 대상도 될 수 없는 천박한 것으로 간주한다. 그러나 사용 중심적 디자인 보기는 이러한 시각에서 벗어나 그것들을 여타의 인공물들과 동등한 위치에서 이해하고자 한다. 사실 키치는 오늘날 인공물 문화를 논함에 있어 빠질 수 없는 주제 영역이다. 왜냐하면 키치는 일상의 영역에서 다양한 경험들과 의미들을 주체와 관계시키고 있기 때문이다. 사실 키치에 대한 논의를 배제하고는 사물의 사용과정을 이해할 수 없을 뿐만 아니라 이야기할 수도 없다.

지금껏 키치는 저속하고 불순한 것의 대명사처럼 이야기되어왔고, 따라서 은밀히 다루어져 왔다. 특히 키치는 고급문화 향유자들에 의해 배척되어왔던 영역으로 그들이 받아들일 수 없는 것들을 부정하는 방식으로 사용되었다. 하지만 키치의 내용은 지극히 인간적인 모습들을 반영하고 있고, 심지어는 키치를 부정하는 이들의 삶 속에서도 예외 없이 발견되고 있다.

사용의 관점에서 디자인을 볼 때, 키치는 주목될 수밖에 없다. 무엇보다 키치적인 것이 디자인된 것과 구분될 수 있다는 가정, 특히 굿 디자인과 가장 멀리에 위치하고 있어 극복되어야 할 무엇으로 이해하는 움직임은 극복될 수 있는 것이다.

◦ **시장의 난방의자** 이 의자는 추운 겨울에도 장사를 해야 하는 시장의 특수한 상황에 맞게 디자인되어 있다. 연탄으로 가열된 물이 순환하면서 의자의 바닥과 등받이를 따뜻하게 데워준다. 등받이 위로 물을 주입할 수 있는 주입구가 조그맣게 나와 있다. 이 주입구는 사용시 증기를 배출하는 역할을 동시에 한다. 등받이에 붙어 있는 여러 음식점의 스티커들은 음식을 고르는 즐거움과 편리함을 동시에 제공한다. 이 난방의자는 실제 삶의 주체들이 그들의 삶 속에서 디자인을 어떻게 구체화하고 있는지 보여주고 있다.

◦ 플라스틱 음료수 병의 실존 (누전 방지용)

◦ 플라스틱 음료수 병의 실존 (닭 모이통)

02
말을 거는
일상의 사물들

생산 중심적 디자인 보기는 디자인과 키치를 구분하였다. 그러나 사용이라는 과정은
디자인과 키치의 경계를 허문다. 키치든 아니든 우리를 둘러싼 인공물들은 실제 삶의 공간에서
비어 있는 기표들일 뿐이다. 우리는 그 기표들에 의미를 담기도 하고 빼기도 하며
누군가 담아낸 의미를 읽어낸다. 오늘날 사회에서 사물들의 실존적 의미는 바로 여기서 만들어진다.

1

문화의 지배를 받는 기호

인간은 상징력을 갖는 유일한 동물이다. 여기에서 상징력이란 "외계의 사물과 사건들에 자유롭게, 또한 인위적으로 의미를 창작하고, 결정하며, 부여하는 능력이며, 또한 그러한 의미들을 이해할 수 있는 능력"을 말한다. 우리는 이러한 상징력을 통해 외계의 사물과 관계한다. 오늘날 대량으로 만들어지는 사물들이 삶의 개별 주체들에게 동일한 가치와 의미를 지니지 않는 것은 그 사물과 관계하는 사용 주체들이 동일한 상징력을 갖고 있지 않기 때문이다. 상징력의 차이가 관계방식의 차이를 만들어 내고, 다른 의미의 출현으로 이어지는 것이다.

이러한 의미들은 개별 주체 내에 머물러 있기도 하지만, 많은 경우 사회 내에서 유통된다. 이 과정에서 사물들은 물론, 그 사물들과 관계하는 방식은 하나의 기호가 된다. 기호는 보이는 것 이상이다. 하나의 기호와 관계할 때 우리는 기호로서의 대상을 주시하는 것이 아니라 비가시적인 통로에 의해 연결된 의미를 읽어 낸다. 이 때문에 기호를 이야기한다는 것은 가시적인 대상이 지시하는 의미들, 대상과 의미를 연결하는 기호체계, 더 나아가 기호를 생산하고 유통하는 주체들과 맥락들의 관계성을 드러낸다는 것을 뜻한다. 이러한 기호체계에 대한 연구를 소쉬르$_{Ferdinand\ de\ Saussure}$는 '기호학'이라는 용어로 담아내었다.

사회생활 속에 있는 기호의 삶을 연구하는 과학을 생각할 수 있다. 그것은 사회심리학의 일부분을 이룰 것이며, 따라서 일반심리학의 일부분을 형성할 것이다. 우리는 그것을 기호학이라고 부르기로 한다. [02]

소쉬르는 기호이론의 바탕을 이루는 체계를 마련하였다.[03] 그는 기호$_{sign}$를 기표$_{signifier}$와 기의$_{signified}$가 결합한 것으로 설명하였다. 여기서 기표란 표주박이 물을 담아내듯이 의미인 기의를 담는 그릇이라고 할 수 있다. 즉 기표는 내용인 기의에 대응하는 형식이다. 소쉬르는 언어 기호의 체계를 설명하기 위해 기표와 기의, 자의성과 같은 기호학적 개념을 제시하였다.

하지만 "사회생활 속에 있는 기호의 삶을 연구하는 과학"이라는 표현에서 알 수 있듯이, 그는 언어 체계 이외의 다른 의미 체계가 존재할 수 있음을 이야기했다. 만일 이러한 가능성을 받아들인다면, 우리는 삶의 다양한 현상들을 기호학적 틀로 설명할 수 있을 것이다.

예를 들면 밸런타인데이 St. Valentine's Day에 어떤 여성이 남자친구에게 초콜릿을 선물하는 상황을 가정해보자. 여기에서 남자가 받은 초콜릿은 하나의 기호라고 할 수 있다. 왜냐하면 그것은 밸런타인데이라는 하나의 체계 안에서 특정한 의미와 연결되어 유통되기 때문이다. 남녀 사이에 선물의 형태로 전해지는 초콜릿은 제과점에 진열된 초콜릿과는 분명 다르다. 그것은 선물을 주는 여성에 의해 선택과 의미부여의 과정을 통해서 단순한 물질로서 초콜릿이 아닌 하나의 기호가 된 것이다. 만일 남자친구가 '초콜릿 싫어하는 거 알면서……'라는 말과 함께 그것을 다른 이에게 주어버렸다면, 그는 기호가 아닌 물질

기표 signifier + 기의 signified = 기호 sign

물질적 차원의 초콜릿(기표) + 사랑한다(기의) = 초콜릿 선물(기호)

기호의 구성

적 자원에서 초콜릿을 이해한 것이다. 그러나 만일 남자친구가 초콜릿을 기호로 보고 그것의 기호적 의미를 읽어낸다면, 여타의 초콜릿과는 다른 태도로 그 초콜릿을 대할 것이다. 심지어 먹고 난 초콜릿의 포장지마저도 버리지 않고 간직할지 모른다. 이 경우 그가 간직한 것은 포장지 자체가 아닌 '사랑한다'는 의미라고 할 수 있다. 이처럼 하나의 기표인 '초콜릿'은 '사랑한다'는 기의와 만나 비로소 하나의 기호가 되는 것이다.

    기표와 기의는 자의적으로 결합된다.[04] 즉, 어떤 필연적인 논리나 이유가 있어서가 아니라 임의적으로 결합하는 것이다. 우리는 '사랑한다'라는 의미(기의)를 코를 만지는 행위(기표)와 연결할 수도 있고, 발로 바닥을 치는 행위(기표)와 연결할 수도 있다. 이러한 '기호의 자의성'이 우리로 하여금 일상에서 기호를 만드는 계속된 행위를 가능하게 하는 것이다.

    일상 삶의 공간은 다양한 기호들로 채워져 있고, 우리는 이러한 기호들을 끊임없이 만들고 해독하는 의미작용$_{signification}$ 속에서 생활하고 있다. 의미작용이란 기표에 기의를 더하거나 빼는 활동을 말한다. 의미작용은 커뮤니케이션보다 확장된 개념이다. 왜냐하면 커뮤니케이션은 성공적인 의미전달만을 지향하지만, 의미작용은 잘못된 전달과 해석의 내용도 포함하기 때문이다. 대화 중에 생기는 '오해'는 커뮤니케이션의 측면에서 보면 피하고 싶은 상황이지만, 의미작용의 측면에서는 나름 가치를 가지는 의미 있는 것이 된다.

◦ **별** 만일 우리가 이것을 하나의 의미 있는 기호로 만드는 약호를 모른다면, '별'이라는 단어는 수직과 수평의 선으로 이루어진 그림에 불과할 것이다.

커뮤니케이션 과정에서 발신자가 만든 기호의 의미가 수신자에게 전달되는 과정은 구체적인 물건이 누군가에게 건네지는 것과는 근본적으로 다르다. 커뮤니케이션 상황에서 실제로 전달되는 것은 기표뿐이기 때문이다. 이 기표는 수신자에게 기호 제작자가 의도한 의미와 동일한 의미를 재생산할 기회를 제공한다. 의미의 전달은 수신자가 자신의 마음속에서 주어진 기표에 연결되는 기의를 찾아내는 과정이다. 즉, 수신자의 경험과 학습된 총체 속에서 기호 제작자가 의도한 의미(기의)와 동일한 의미를 발견해 내었을 때, '의미가 전달되었다'라고 말한다. 엄밀히 말하면 의미는 전달되는 것이 아니라, 기표를 매개로 발견되고 공유되는 것이다. 이러한 의미 공유가 가능하기 위해서는 기표에 기의를 연결하는 규칙인 '약호'라는 것을 기호 제작자와 수신자가 공유하고 있어야 한다.

약호란 의미를 만들고 해석하는데 작용하는 하나의 사회적 약속[05]이다. 사회 내에서 떠도는 기호들을 이해하기 위해서는 이러한 약호에 대한 이해가 선행되어야 한다. '별'이라는 글자의 모양(수평과 수직의 선과 점으로 이루어진 형상 그 자체)을 통해 '밤하늘에 반짝이는 별'의 의미를 성공적으로 도출하기 위해서는 한국어라는 약호를 알고 있어야 한다. 만일 그 약호를 모른다면 '별'이라는 글자는 수평과 수직의 선과 점으로 이루어진 그림에 불과할 것이다. 물론 이것은 언어에만 국한된 개념은 아니다. 문화를 구성하는 삶의 여러 내용과 관계들은 이러한 약호들을 통해 서로 연결되어 있기 때문이다.

▫ **티베트 사람의 인사법** 우리는 이 기호 속에서 인사가 갖는 '존경과 경의'보다는 '놀람'의 의미를 발견하게 된다. 우리 문화의 코드는 이 기호를 '놀람'이라는 의미에 연결하기 때문이다.

티베트에는 모자를 벗고 혀를 내밀어 반가움과 존경을 나타내는 인사법이 있다. 우리가 만일 티베트인의 그런 인사를 받는다면 그렇게 기쁘거나 반갑지 않을 것이다. 왜냐하면 우리의 인식 속에는 혀를 내민다는 것이 상대를 놀리는 행위이기 때문이다. 티베트인의 인사를 받았을 때 우리는 '놀림'이라는 의미를 떠올리게 되는데, 이는 앞서 말한 약호가 서로 다르기 때문이다. 이런 의미에서 문화의 차이는 약호의 차이를 바탕으로 이루어진다고 할 수 있다.

한 문화의 약호는 문화 내의 여러 힘들의 상호작용 속에서 형성되어, 그 문화 공동체의 구체적인 삶의 내용을 조직하고 하나로 묶어주는 역할을 한다. 공동체의 구성원들은 이러한 약호를 바탕으로 자신의 의도를 소통시키고, 타인의 의도를 읽어낸다. 누군가 상대에게 '권위 있음', 혹은 '우호적임'과 같은 사회적 의미를 전달하고자 할 때, 그 사회의 문화적 코드를 모른다면 전할 수 없다. 그 코드에 기반을 두지 않은 행위는 오해를 불러일으키기에 십상이다.

사회적 의미들은 특정 행위, 언어, 태도 등에 의해서만이 아니라 매일매일의 삶에서 접하는 다양한 사물들과 그것들의 소비를 통해서도 유통된다. 여기서 사물들의 의미가 문화권에 따라 달라진다는 사실을 확인하는 것은 매우 중요하다. 제이미 유이스Jamie Uys의 영화「부시맨」에는 이런 내용을 알 수 있는 장면이 등장한다. 비행기에서 먹고 버린 콜라병이 부시맨에게는 특별하고 신성한 물건으로 받아들여진다. 왜냐하면 부시맨은 자신이 사는 원시 자연환경 속에서 그렇게 투명한 재질로 만들어진 매끈한 형상의 사물을 접할 수 없었기 때문이다. 더욱이 그 물건은 하늘에서 떨어졌다. 이러한 상황은 부시맨으로 하여금 콜라병을 신성한 것으로 믿게 하였다. 영화에서 부시맨은 콜라병을 매우 소중하게 보관한다. 그것은 분명 우리가 콜라병을 이해하는 방식과는 다른 것이다. 그 관계방식의 차이는 문화적 차이에 기인한다. 문화적 차이는 결국 동일한 사물의 의미 차이로 이어지는 것이다.

문화적 차이를 만들어 내는 약호는 공간에 따라서도 달라지지만, 시간에 따라서도 다른 모습을 보인다. 오늘날 우리 삶의 공간에서 아름다움을 의미하는 코드가 고려 시대와 같지 않을 것이라는 점은 쉽게 상상할 수 있다. 약호는 변한다. 그것은 삶에 자리하는 여러 힘들의 작용으로 구체화되는 것이기 때문에, 힘들의 관계가 조정됨에 따라 변하게 되는 것이다. 약호가 변한다는 사실은 마치 살아있는 유기체의 움직임과 같이 삶을 역동적이게 만든다. 다양한 힘들의 만남이 화학반응을 일으키고, 그 반응의 결과들 또한 또 다른 반응의 촉매로 작용한다. 이 과정에서 문화를 형성하는 약호들은 변화를 거듭한다.

◦ **먹으면 살찌는 밀크 캬라멜** 『동아일보』, 1925년 6월 19일자
'별이 난다 한 갑. 비가 온다 두 갑. 먹으면 살찌는 밀크 캬라멜' 만일 이러한 광고 문구가 살빼기 전쟁이 벌어지고 있는 오늘날 사용된다면 어떻게 될까? 광고주는 아마 깡통을 차고 거리로 나서야 할 것이다. 오늘날 문화를 형성하는 코드는 궁핍의 시대였던 1925년도의 그것과 같지 않다.

◦ **시위문화가 없다** 문화는 박물관이나 미술관에만 존재하는 고급스러운 산물이 아니다. 그것은 우리 일상의 곳곳에서 삶의 실제적인 모습으로 존재한다. 이런 맥락에서 '시위문화가 없다'라는 표현은 적절한 것이라고 할 수 없다. 그렇게 시위하는 것이 바로 우리 시대의 시위문화이기 때문이다.

# 2

신화 소비

소쉬르의 정의 이후, 초기 기호학은 언어현상에 대한 연구에 국한되었으나, 이후 여러 다양한 문화 현상을 연구하는 데 분석의 틀로 활용될 만큼 발전하였다. 이러한 원인에 대해 존 워커는 "기호학은 지배적인 문화형태의 작용방식을 드러내 줄 뿐 아니라 그 밑에 깔린 이데올로기 또한 폭로해주기 때문에 최근 문화 이론가들의 분석방법으로 많이 사용되고 있다"[06]라고 설명한다.

일찍이 롤랑 바르트Roland Barthes는 그의 『신화Mythologies』에서 이러한 가능성을 확인해 주었다. 베르나르 투생Bernard Toussaint은 "1964년 롤랑 바르트의 기호론 요강의 출간과 함께 비로소 비언어학적 기호론이 진정으로 탄생하였다"[07]라고 바르트를 평가했다. 투생의 평가대로 바르트는 언어 연구에 국한되었던 이전까지의 기호학적 논의들을 삶의 실제적인 문화 현상들을 분석하고 설명하는 데까지 확장시켰다. 실제로 『신화』에서는 플라스틱, 가루비누, 스트립쇼, 장난감, 스테이크, 감자튀김 등과 같은 일상 속의 다양한 소재들이 다루어졌다. 이를 통해 바르트는 대중문화와 그 실천행위 이면에 숨어 있는 이데올로기들을 신화라는 이름으로 밝히고자 하였다.

1957년 판 『신화』 서문에서 그는 "내가 보기에 자명한 것이라고 불리는 어떤 것 속에는 이데올로기적 남용이 감추어져 있는데, 나는 … 그 이데올로기적 남용을 추적하기 원했다."[08]라고 쓰고 있다. 바르트는 소쉬르의 기호 이론을 바탕으로 신화체계를 도출하였고, 이를 그의 대중문화 분석과 설명에 이용하였다.

그가 이야기하는 신화란 기호학적 체계에서 기표와 기의의 결합체인 기호가 이차적 체계의 기표로 기능하고, 여기에 새로운 기의가 첨가되어 새로운 의미를 생성시키는 과정을 일컫는다. 즉 신화는 기호를 이용해 또다시 이차적 기호를 만드는 구조라고 할 수 있다. 바르트는 프랑스의 『파리마치Paris-Match』라는 잡지의 표지 그림을 통해 신화를 설명하였다.

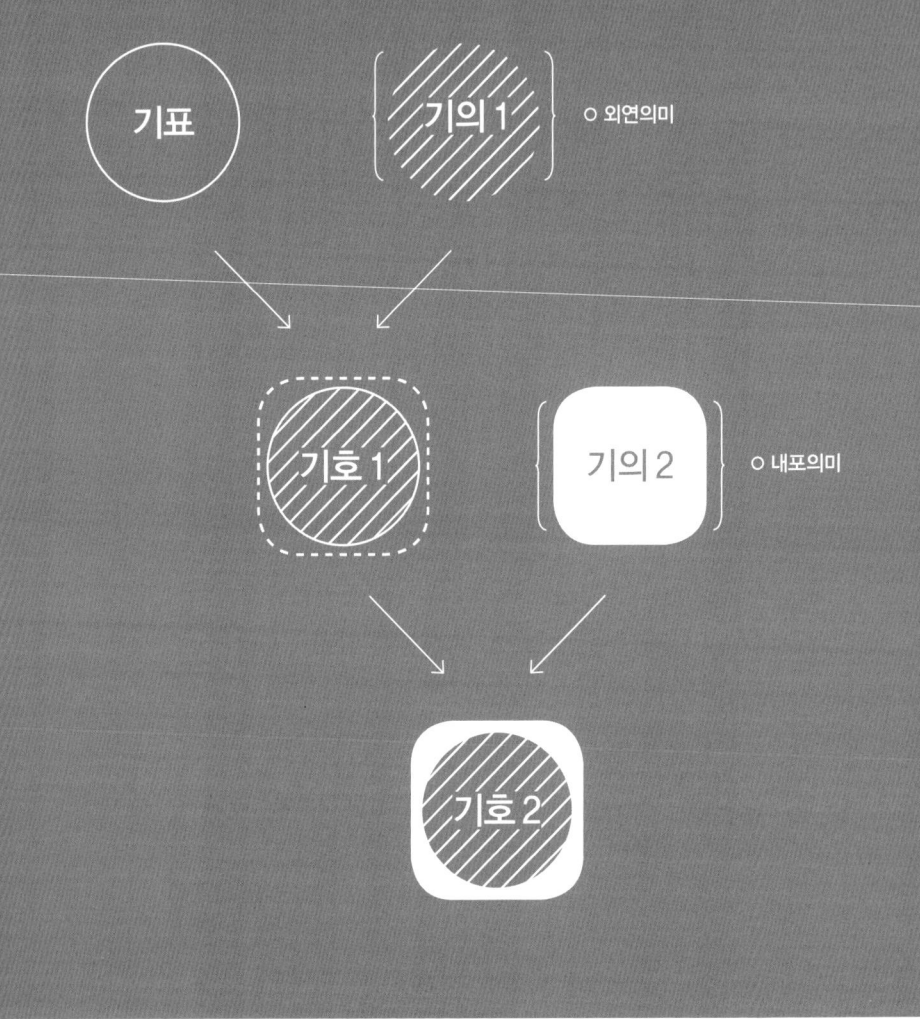

신화구조

바르트가 예로 들고 있는 『파리마치』라는 잡지 표지에는 자유, 평등, 박애를 상징하는 프랑스 삼색기를 주시하면서 경례를 하는 흑인 병사가 등장한다. 바르트는 이 그림이 '흑인 군인이 프랑스 국기에 경례하고 있다'라는 일차적 의미 이외에 다른 의미를 발산한다고 설명한다. 그가 말하는 이차적 의미는 바로 "프랑스는 위대한 제국이며, 프랑스의 모든 자손들은 인종차별 없이 프랑스 국기 아래서 평등하게 군에 복무한다"[09]는 것이다. 이것이 바로 『파리마치』 표지 그림이 만들어내는 신화적 의미인 것이다. 신화적 의미는 외연적 의미 denotation에 대응하는 내포적 의미 connotation라고 할 수 있다.

사회에서 이루어지고 있는 사물들의 잉여소비[10]는 바로 이러한 신화구조를 통해 설명될 수 있다. 만일 하나의 사물을 소쉬르적 의미의 기호라고 한다면, 그 사물의 물질적 형식은 기표의 자리에, 그 사물의 명시적 용도는 기의의 자리에 배치할 수 있을 것이다. 일상 주체가 사물들의 물질적 형식으로부터 용도를 읽어낸다는 사실은 그것들이 하나의 기호로 존재하고 있음을 증명한다. 사물의 신화구조는 이러한 용도로 쓰인 사물이 또 다른 기의와 결합하면서 구체화된다. 이 기의가 바로 신화적 의미인 것이다.

가령 필립 스탁 Philippe Starck이 디자인한 「쥬시 살리프 Juicy Salif」라는 '레몬 짜개'를 레몬을 짜는 용도가 아닌 과시를 목적으로 소비하는 것은 신화적 의미를 소비하는 하나의 예이다. 소쉬르의 기호모델을 적용하였을 때, 기표로서 '외형과 구조'는 '레몬을 짠다'는 기의와 결합

하여 '레몬을 짜는 도구'라는 기호를 만들어낸다. 만일 이 사물이 이러한 용도로만 소통되고 소비된다면 신화적 의미를 이야기할 여지는 없을 것이다.

그러나 이 사물은 다른 모습으로도 사용된다. 누군가 '나는 필립 스탁이라는 유명한 디자이너가 디자인한 제품을 소비할 만큼의 안목을 갖고 있다'라는 내용을 드러내기 위해 이 제품을 소비한다면 그것은 사물의 명시적 용도가 아니라 이차적인 의미를 소비하는 것이다. 이 소비 행태를 설명하기 위해서는 기표와 기의가 만나 기호를 만들어내는 모델이 아니라, 그 기호가 새로운 의미와 연결되는 신화구조를 분석모델로 취해야 한다.

신화구조를 통해서 이러한 상황을 분석하면 다음과 같다. 수쉬르의 기호모델을 통해 이루어진 '레몬 짜는 도구'라는 기호는 신화구조에서 또 다른 기호를 생성하기 위한 하나의 기표로 기능한다. 그 기표에 '유명 디자이너로서 필립 스탁의 문화적 상징성'이라는 기의가 결합되어 '과시를 위한 사물'이라는 새로운 기호가 만들어진다. 신화적 의미를 소비한다는 것은 '레몬 짜는 도구'로서가 아닌, '과시를 위한 사물'로서 쥬시 살리프를 소비하는 것을 일컫는다.

○ **필립 스탁의 레몬 짜개** 거미를 연상시키는 이 사물은 레몬을 짜기 위한 용도로 디자인되었다. 그러나 우리는 오늘날 이 사물이 본래의 기능보다, 특정 신화적 의미 때문에 소비되는 경우를 어렵지 않게 발견할 수 있다. "나는 유명한 디자이너인 필립 스탁이 디자인한 제품을 소유하고 있을 뿐만 아니라, 그것을 알아보고 즐길 만큼 교양 있는 존재다"라는 것이 바로 이 사물의 신화적 의미라 할 수 있다.

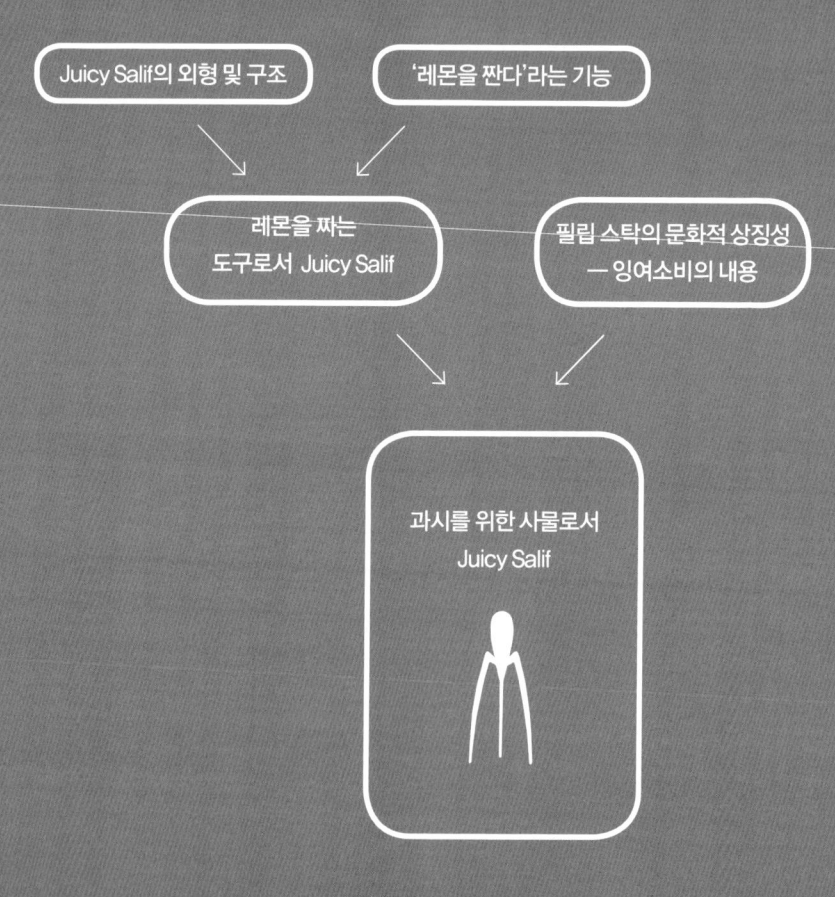

신화적 의미의 소비구조

이와 같은 신화적 의미 소비는 오늘날 사회에서 일반적인 소비방식으로 자리하고 있다. "아무것도 신화로부터 무사할 수 없다"라는 롤랑 바르트의 지적은 언제 어디서든지 이러한 신화적 의미들이 만들어지고 유통되며 소비될 수 있음을 지적하는 것이다. 사물이 사회 내에서 기호로 작용하는 한, 그것이 소비되고 사용되는 과정은 이러한 신화작용으로부터 자유로울 수 없다.

본래의 기능만을 위해서가 아니라 표현을 위한 용도로 사물을 소비하는 예들은 일상에서 쉽게 발견할 수 있다. 우리가 소위 키치라고 부르는 사물들과 키치적 소비가 대표적인 예인데, 이러한 소비방식은 신화구조를 통해 구체화되는 의미들을 유통시킨다. 키치로서 이발소 그림은 예술의 신화를 소비하는 것이고, 포틀래치$_{potlatch}$[12]는 풍요의 신화를 소비하는 것이다. 일찍이 아브라함 몰르$_{Abraham Moles}$는 키치를 일종의 코노테이션적 체계[13]라고 말한 바 있다. 실제로 키치는 신화구조 속에서 유통되기 때문에 키치를 소비하거나 키치적으로 소비하는 것은 곧 신화적 의미를 소비하는 것이 된다.

신화화 과정에서 기표와 기의의 연결은 자연스러운 것으로 보인다. 이것은 그 과정을 통해 의도가 자연화되었기 때문이다. 이것이 바로 신화가 갖는 힘인데, 신화 소비자의 마음에서 작용하는 불확실한 흡수현상$_{absorption of uncertainty}$이 이것을 가능하게 한다.[14] 그러나 엄밀히 말해 그 불확실한 흡수현상을 가능하게 하는 것은 마찰력을 피해 작용하도록 프로그램된 신화의 폭력적 힘이다. 신화 소비자가 발휘할 수 있는 비판적 사고의 가능성을 차단하고, 그의 이해를 정해진 의미의 지점으로 단숨에 이동시킴으로써 신화는 신화로 존재한다. 이러한 방식을 통해 분명 어떤 의도가 기표와 기의의 연결과정에 관여하고 있음에도, 우리는 그 의도의 불순한 냄새를 맡지 못하고 정해진 의미만을 자연스러운 것으로 경험한다. 롤랑 바르트 또한 신화의 임무는 역사적인 의도를 자연화하고, 우연성을 영원성인 것처럼 보이게 하는 것으로, 신화가 우리에게 되돌려주는 것은 현실에 대한 자연스러운 이미지[15]라고 말한다.

  신화이론을 포함한 기호이론이 문화현상을 설명하는 데 효과적인 것은 삶의 다양한 현상들, 그리고 그곳에 자리하는 사물들과 이미지들이 단순히 하나의 사건이거나 물질적인 대상이기만 한 것이 아니라, 무수히 많은 의미들을 발산하기 때문이다. 이러한 의미들은 고정된 것이 아니라 관계 방식과 맥락에 따라 끊임없이 변화한다. 따라서 문화현상을 이야기한다는 것은 그 맥락과 관계들을 보는 것이고, 더 나아가 의미들의 생성과 유통, 그리고 변형과 소멸을 사고하는 것이다.

  기호이론과 같은 커뮤니케이션 이론은 모든 움직임을 소통이라는 맥락으로 환원한다는 맹점을 가지고 있다. 그럼에도 우리가 그러한 맹점을 인식하고 극복한다면, 역사적 의도를 자연화하고 우연을 영원한 것처럼 보이게 하는 문화의 얽힌 구조들을 드러내고 폭로하는 데 효과적으로 사용할 수 있다. 이를 위해서는 단순히 형식뿐만 아니라 내용과 관계들, 그리고 역사적 지평 등에 대한 심층적인 계보학적 고찰이 필요하다. 이러한 접근만이 형식 안에 숨어 있는 의미와 이데올로기들을 드러내주기 때문이다.

3

사물: 언어 아닌 언어

인간이 만든 사물들은 일반적으로 자연환경에 적응하기 위한 필요와 삶에서의 유용성이라는 목적에 의해서 그 존재 의미가 정의되어왔다. 이러한 이해방식에 따르면 우리가 입고 있는 옷은 추위와 더위로부터 몸을 보호하기 위해 제작되는 것이고, 자동차는 단위 시간에 이동할 수 있는 거리를 향상하기 위해 만들어지는 것이 된다. 그러나 이러한 정의만으로는 현대사회에서 극명하게 드러나는 '동일한 물리적 요구에 사용되는 사물의 다양성과 기능적 요소 이외의 과잉성'을 설명할 수 없다. 지금 이 시간에도 끊임없이 새로운 자동차, 새로운 신발, 새로운 휴대전화, 새로운 안경 등의 생산과 소비가 계속되고 있다. 이러한 생산과 끊이지 않는 소비를 설명하기 위해서는 새로운 설명모델이 필요하다. 일찍이 조지 바살라George Basalla는 "필요와 유용성만으로는 인류가 만들어낸 인공물의 새로움을 설명할 수 없으므로, 우리는 그 밖의 다른 설명을 찾게 된다"[16]라고 주장했다. 현대사회에서 이러한 사물의 다양성이나 과잉성을 설명하기 위해서는 실제 삶에서 사물이 어떻게 소비되고 있으며 그것이 의미하는 바는 무엇인지에 대한 관찰이 무엇보다 선행되어야 할 것이다.

오늘날 사회에서 이루어지는 소비는 단지 '써서 없애버리는 것'이라는 경제학적 의미를 넘어선다. 경제학적 의미의 소비는 생산의 반대지점을 향해 움직이는 소모적인 활동을 뜻한다. 소비에 대한 이러한 이해방식은 현실의 경험적 고찰만으로도 뭔가 부족한 느낌을 갖게 한다. 물론 현대사회에서의 소비는 사물의 기능을 취하거나 소모한다는 의미를 포함한다. 하지만 동시에 소비활동은 행복이나 풍요로움, 권위, 새로움과 같은 의미들을 만들어내고 유통시킨다. 소비를 통해 이러한 의미들이 생겨나고 유통되는 것은 소비의 대상이 단순히 물질적인 것이 아니라 사회 내에서 기호적 성격을 가지기 때문이다. 보드리야르Jean Baudrillard는 "재화와 차이화된 기호로서 사물의 유통, 구입, 판매, 취득은 오늘날 우리들의 언어활동이며 코드인데, 그것에 의해서 사회 전체가 의사소통하고 서로에 대해서 말한다"[17]라고 지적

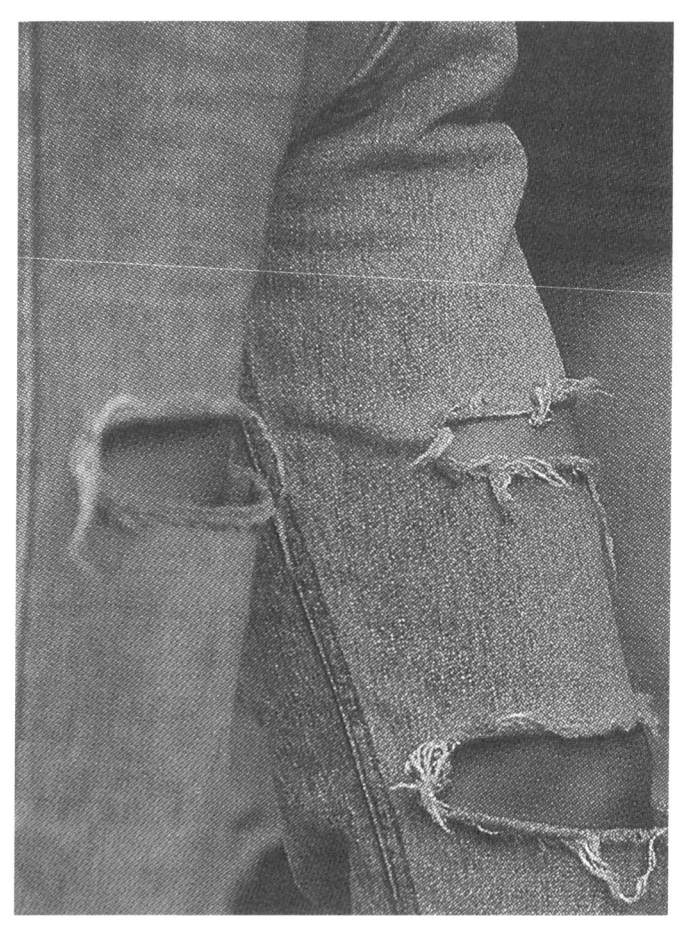

◦ **유행** 『시사저널』, 1995년 10월 12일자

함으로써 사물들의 소비 활동을 기호의 교환행위로 보았다.

 사물이 사회 내에서 하나의 기호로 작용함에 따라 이제 소비는 자신을 드러내는 사회적 행위가 되었다. 이는 오늘날 사물의 소비가 개인적인 필요의 충족이라는 의미보다 타인을 향한 몸짓이자, 타인에 의해서 읽히기를 기다리는 그 무엇임을 가리키는 것이다. 즉, 사회에서 소비는 나를 표현하고 확인하는 수단이다. 보드리야르는 자신을 표현하는 수단으로 사물이 존재하고 소비되고 있는 현대사회를 소비사회라는 이름으로 표현하였다.

 현대사회에서 사물은 주체들이 자신을 드러내고 환경에 대한 그들의 적응과 저항을 드러내는 생산적인 기호가 된다. 소비는 그러한 기호들의 교환 과정이자 생산 과정이다. 유행은 기호이 생산과 교환현상이 구체적으로 어떻게 전개되고 있는지를 보여준다. 유행이란 "보통 사람의 일상적 삶에까지 불어 닥치는 바람"[18]으로 표현되기도 하는데, 여기에서 바람이란 다름 아닌 '기호의 소비' 바람이다. 타인과 다르다는 것을 드러내는 기호의 소비로서, 혹은 타인과 같은 집단에 속해 있음을 나타내는 기호의 소비로서 유행의 바람은 멈추지 않고 불어댄다. 오늘날 유행의 전파속도가 매우 빠르다는 것, 그리고 유행이 바뀌는 주기가 짧아지고 있는 것은 그만큼 사회 내에서 기호의 교환이 숨 가쁘게 일어나고 있음을 증명한다.

 물론 유행과 그 주기가 빨라지는 것은 자본의 욕망과 밀접한 관계가 있다. 자본은 속성상 자신을 끊임없이 재생산하고 확대하려 한다.

○ **이것만 소유하면 나도……** '男, 그 완성의 향취-쾌남루트 레몬', '그 깊은 사나이의 세계'라는 문구와 근육질의 남성 이미지, 그리고 남성용 화장품. 광고는 "이것만 소유하면 나도……"라는 가상 공간을 만들어낸다.

이를 위해서는 판매가 확대되어야 하는데, 산업사회에서 자본은 판매를 확대하기 위해 소비를 기다리기보다 소비를 만들어내는 적극적인 방식을 고안해 냈다. 자본주의 사회에서 유행은 바로 소비를 만들어내는 하나의 방식으로 자리하고 있는 것이다.

오늘날 대중 매체는 기호의 생성과 교환에 중요한 역할을 담당하고 있다. 대중매체는 대중성과 탁월한 전파력을 바탕으로 공간의 한계를 극복하고 기호와 기호를 작동시키는 코드들을 유통시킨다. "대중매체들에 의해 집중적으로 생산된 이미지들은 대중의 마음속에 심어져 산업사회의 생산체계가 요구하는 표준화된 행동을 만드는데 기여하였다"[19]라는 앨빈 토플러Alvin Toffler의 지적은 대중매체의 이러한 영향력을 잘 설명해 준다. 여기에서 '표준화된 행동'은 공통된 코드를 바탕으로 행해지는데, 산업사회에서 그 코드는 대량소비의 토대가 된다. 바로 이 코드의 생산과 유통에 대중매체가 깊숙이 관여하고 있는 것이다. 물론 그 코드는 산업사회가 요구하는 관념들을 자연스러운 것으로 만든다.

볼프강 프리츠 하우크Wolfgang Fritz Haug는 이것을 상품미학이라는 개념을 통해 설명하였다. 상품미학은 상품 주위를 둘러싸고 있는 일종의 가상공간이다. 그것은 이데올로기적 공간이며, 신화적 공간이다. 하우크는 『상품미학비판』독어본 제8판의 서문에서 상품미학을 자본주의하에서 가장 강력한 세력 중의 하나로 묘사하였다.[20]

오늘날 광고는 상품미학을 만들어내고 유통시키는 강력한 매개물이다. 광고는 제품의 사용가치를 소비자에게 전달하여, 소비자로 하여금 제품을 정확히 판단하고 구입하게 하는 데 도움을 주려고 존재하는 것이 아니다. 오히려 그것은 소비의 중요한 추진력인 신화를 만들고, 그것을 자연스러운 것으로 유통시키는 역할을 하고 있다. 일찍이 존 버거John Berger는 "광고는 소비사회의 문화이다. 광고는 이미지를 통해 바로 이 소비사회가 스스로에 대해 갖는 신념을 선전한다"[21]라고 소비사회에서 광고의 역할에 대해 지적하였다. 우리는 광고를 통해 남자다움, 여성스러움, 교양, 권위와 같은 사회적 가치들을 어떻게 획득할 수 있는지, 그리고 그것을 어떻게 표현할 수 있는지를 보고 듣는다. 광고는 소비를 사회적 활동으로 만드는 욕망을 불러냄으로써 이 모든 것을 가능하게 만든다.

여기에서 욕망은 타자와의 관계 속에서 확인된 자신의 결핍을 확인하고 그로부터 탈출을 꿈꾸는 의지이다. 욕망은 결코 삭제되지 않는다. 그것은 채우고 채워도 채워지지 않는 밑 빠진 항아리와 같은 것이다. 그럼에도 우리는 그것을 채우려고 한다. 아니 욕망이 채우려는 우리의 행위를 끊임없이 유도해낸다. 아침이슬을 먹고 사는 새벽 태양처럼 욕망은 우리의 부질없는 행위를 먹고 산다. 이미 욕망은 우리의 생명선을 쥐고 있다. 그 때문에 그것으로부터의 자유는 곧 죽음을 의미한다. 이러한 욕망의 본질에 대해 자크 라캉Jacques Lacan은 다음과 같이 말한다.

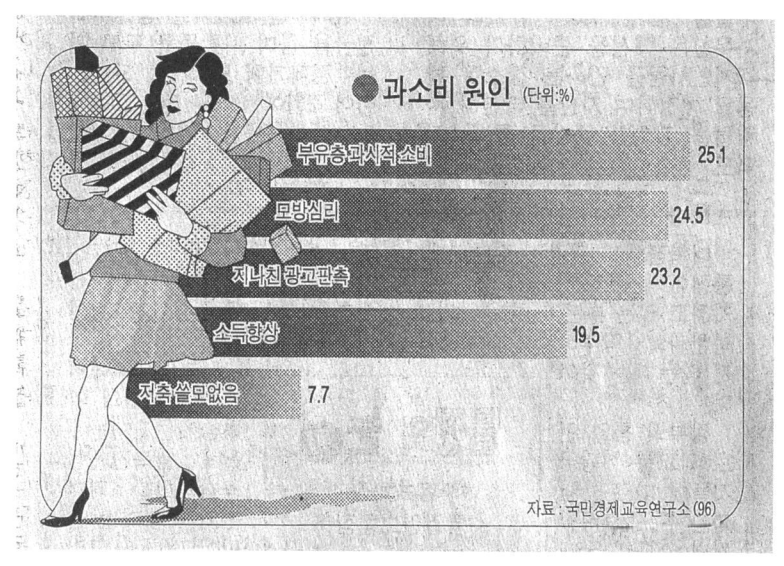

○ **과소비의 원인** 「문화일보」, 1997년 1월 4일자
1996년 국민경제교육연구소가 제시한 이 자료는 '부유층의 과시적 소비'와 '모방심리에 의한 소비'가 과소비의 주원인임을 보여주고 있다. 현대의 잉여소비를 가능하게 하는 것은 사회적 욕망이다. 사물들은 기호로 존재하며, 사물의 소비는 기호의 소비다.

무의식적 욕망은 결코 소멸될 수 없다. 결코 만족될 수 없으며 단순히 소멸되지도 않는 욕구가 없다면 욕망도 가능하지 않겠지만, 그러한 상태는 곧 유기체 자체의 파멸을 의미할 뿐이다.[22]

우리의 삶은 서로 다른 욕망을 지속적으로 생산하고, 그것들을 채우려는 행위들의 순환 속에 자리한다. 소비사회의 특징인 생리적 욕구 충족분을 넘어선 잉여소비는 이러한 욕망과의 관계 속에서 파생되는 것이다. 소비사회에서 욕망은 자신의 결여를 확인시켜주는 타인의 스타일에 의해서 자극된다. 스타일은 강력한 자기표현 형식, 즉 다른 사람과의 관계에서 자기 자신을 각인시키는 방식이다.[23] 그렇다면 스타일은 무엇인가를 표현하는 언어 아닌 언어인 것이다. 도덕적인 관점은 사물의 본래 용도를 위한 소비가 아닌 스타일의 소비를 '잉여소비'라는 부정적 뉘앙스의 용어로 표현한다. 잉여소비라는 용어 속에는 소모적 낭비라는 이해가 분명하게 자리한다. 그러나 이러한 이해는 '그럼에도 불구하고 그러한 낭비가 왜 끊이지 않는가?'라는 물음에 답하지 못한다. 다음 보드리야르의 지적에서도 알 수 있듯이 잉여소비 행위는 그 자체로 생산적인 측면을 가진다.

낭비를 체계의 역기능으로 보는 도덕적 시각은 그 진정한 기능을 밝혀줄 사회적 분석에 의해 수정되지 않으면 안 된다. 지금까지 모든 사회는 엄밀하게 필요한 것 이상으로 항상 낭비하고 탕진하고 소모하고 소비하였는데, 그것은 다음과 같은 단순한 이유 때문이다. 즉, 개인이나 사회가 생존하고 있을 뿐만 아니라 진정으로 살고 있다는 것을 느끼는 것은 초과분과 여분을 소비할 때라는 것이다.[24]

보드리야르의 지적은 현대의 소비현상이 단순히 생리적 욕구 충족이라는 관점만으로는 설명될 수 없다는 점을 시사한다. 욕망과 욕망의 대상으로서의 사물들, 그리고 그것들을 관계시키는 다양한 스타일과 의미들의 문제를 소비현상으로부터 배제하는 것은 소비에 대한 불충분한 이해를 만들어낼 뿐이다. 사물은 용도적 가치 체계와는 또 다른 의미의 체계를 형성한다. 현대사회에서 소비는 용도적 가치 체계에서만 이루어지는 것이 아니라, 이 의미의 체계 속에서도 이루어진다. 소비과정에 수반하는 의미들의 유통은 현대사회에서의 소비현상을 특징짓는 중요한 요소다. 오늘날 사물들은 바로 이러한 의미 체계 내에 자리하면서 '언어 아닌 언어'로 존재한다.[25]

03
사용의 관점에서 본
사물의 의미

디자인이 만일 '순수한 기능'이라는 신화에 집착한다면, 실제 삶과의 거리는 멀어질 수밖에 없다.
우리의 삶은 순수함보다는 모순으로, 일관성보다는 변덕스러움으로 채색되어 있기 때문이다.
생산의 영역에서 가정하는 순수한 사물의 기능은 사용 과정을 통해 실존적 의미들로 대체된다.
이 실존적 의미들이야말로 우리와 사물이 만나는 실제 모습이다.

1

삶에서 부서지는 순수한 사물의 기능

일반적으로 사물들은 특별한 목적을 위해 만들어진다. 여기에서 '특별한 목적'이란 삶에서 발생하는 필요를 충족시켜주는 것을 말한다. 이 목적은 각각의 사물들이 가지는 기능이라는 수단을 통해서 획득될 수 있고, 따라서 사물들의 기능은 생산 담론에서 중심축으로 자리해 왔다. 이 경우 기능은 사물을 구성하는 여러 물리적 요소들로부터 발생하는 것일 뿐만 아니라 사물 그 자체에 내재하는 것으로 이해되어 왔다. 여기에서 '인간의 필요'와 '사물의 기능'은 일정하게 환원된 보

편적인 필요와 기능을 말한다.[01]

　사물의 존재 이유에 대한 위의 설명은 매우 명쾌해 보인다. 그러나 우리의 호기심은 그 명쾌함에서부터 시작된다. 과연 이것으로 모든 것이 설명될 수 있는가? 이 물음에 대한 답은 삶의 공간에서 찾을 수 있다. 왜냐하면 삶의 공간은 사물들이 과연 위의 가정에 의해 탄생하고 유통되는지를 구체적으로 알려주기 때문이다.

　모든 사물은 삶의 공간에서 삶의 주체와 관계하며 존재한다. 사물들은 사용될 때뿐만 아니라, 사용되지 않을 때에도 그들과 관계한다. 그 관계 속에서 사물들은 순수한 기능을 실현하는 모습으로 존재하기보다는 오히려 생산의 영역에서 가정하는 순수한 기능으로부터 끊임없이 이탈하는 모습으로 존재한다. 이것은 마치 한 개인이 남자이기만 한 것이 아니라, 남편이기도 하고, 아들이기도 한 것과 같다. 그 때문에 한 사물이 실존하는 다양한 모습들 중 어느 하나만을 유일하고 지배적이며 순수한 모습이라고 주장하는 것은 문제가 있다.

　그러한 주장 이면에는 어떤 이데올로기적 힘이 자리한다. 그 힘은 깔때기와 같이 소실점을 만들고, 그 소실점을 중심으로 모든 것들을 정렬하려 한다. 그것은 타자를 만들어내는 움직임이며, 동시에 그 타자를 억압하려는 폭력이다. 한마디로 그 힘은 존재의 다양성보다는 자의적인 기준을 통해 자신이 의도하는 모습으로 존재를 배열하고자 하는 의지다.

　환원된 보편적 목적과 그것을 충족시키기 위한 요소들의 결합이

◦ **새로운 기능** 나무 젓가락은 생산 당시에 가정된 기능으로부터 이탈하고 있는 하나의 예를 보여주고 있다. 삶에 이미 존재하고 있는 다양한 사물들은 특정한 상황에 따라 선택되고 변형 되면서 소비된다. 그것이야말로 사물에 내재한 새로운 기능이 아닐까?

 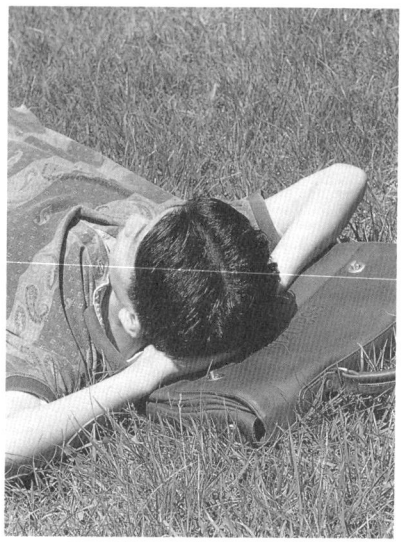

◦ **가방의 실존** 사용 주체의 입장에서 보면 사물의 순수한 기능을 구별해내는 것은 어려울 뿐더러 큰 의미를 지니지도 못한다. 오히려 개별적인 사용 상황 속에서 발견되는 기능이 더욱 중요하다.

라는 단순한 구도만으로는 인간과 사물이 만들어내는 다양한 관계방식들을 설명해낼 수 없다. 그러한 단순한 설명방식은 사물의 실존적 모습을 애써 외면할 뿐만 아니라, 그러한 외면을 정당화한다. 소비 주체들이 필요를 만들어내는 것이고, 그것을 공유하는 것이며, 그 필요에 대한 응답으로 사물들이 등장한다는 논리는 분명 현실의 모습과 다르다. 주위에는 다양한 사물들이 이미 존재하고, 우리는 단지 그것들 중의 일부를 선택하고 조합할 뿐이다. 그럼에도 사물의 등장을 설명하는 데 이러한 논리가 자주 등장하는 것은 특정한 이데올로기가 작용하기 때문이다.

이 이데올로기는 사물 관련 담론의 지배 이데올로기다. 그 이데올로기는 자신이 주장하는 믿음을 주입하기 위해 옳고 그름이라는 극단적인 대립 축을 끌어들인다. 그곳에서 주체의 환원된 필요에 대응하는 사물의 기능은 순수하고 유일한 것이다. 따라서 일상 삶에서 어떤 사물을 그 이데올로기가 기대한 바대로 사용하는 것만이 옳은 것이 된다. 이것은 그 사물과 다른 방식으로 관계하는 모든 것을 타자화하는 움직임, 즉 그릇된 것으로 간주함으로써 더욱 자연스러운 것이 된다. 사물의 소비가 이루어지는 일상 삶의 공간은 어쩌면 이러한 지배 이데올로기와 투쟁하는 곳인지 모른다. 일상의 주체들은 사물들의 맥락을 바꾸거나 지배적인 사용방식을 거부함으로써 자신들의 의지를 드러낸다. 반면 지배 이데올로기는 이러한 행위를 저급한 것으로 몰고 가면서 거부한다. 딕 헵디지Dick Hebdige는 루이 알튀세르Louis Althusser를 인용하면서 그러한 이탈적 행위의 긍정적 의미를 발견하려 한다.

상품성을 재위치 지우고 재맥락화함으로써, 상품들의 인습적 용도들을 전복시키고 새로운 용도를 창안함으로써 하위문화적 스타일주의자는 알튀세르가 '일상적 실천의 허위적 명백성'이라고 불렀던 것의 그 허위성을 보여주고 대상들의 세계를 새롭고 은밀하게 대립적으로 독해할 수 있는 길을 열어준다.02

 딕 헵디지는 하위문화의 맥락에서 인습적 용도에서 벗어난 일상 사물들의 사용행태를 이야기하고 있다. 그러나 그것은 펑크족과 같은 특정 하위문화 그룹의 소비행태에서만 발견되는 것은 아니다. 우리는 일상 주체들의 소비에서 이러한 브리콜라주$_{\text{Bricolage}}$03적인 사용방식을 어렵지 않게 목격할 수 있다. 그것은 사물들의 순수한 모습을 가정하는 지배 이데올로기에 대한 일종의 거부의 몸짓이다. 사실 일상 주체들의 다양한 개성과 순간마다 바뀌는 필요를 순수한 기능과 대응하는 사물들을 통해 충족시키겠다는 기획은 실현되기 어려운 꿈에 불과하다. 순수하게 기획된 사물은 삶에서 순수한 모습으로 존재하지 않으며, 일상의 삶은 그러한 순수한 기능으로부터 일탈할 수 밖에 없다는 것을 증명하는 현장이다.
 사물의 의미와 가치는 일상 주체들에 의해, 그들의 개별적인 삶의 맥락에서 판단되고 새롭게 규정된다. 그것은 다양성을 만들어내는 운명적인 힘이다. 일상의 주체들은 하나의 대상을 평가하고 가치를 부여하는 서로 다른 방식들을 갖고 있다. 이 방식에 의해 하나의 사물에 대한 가치, 유용성, 의미들은 다양하게 구체화된다. 그것들은 가변적일 뿐만 아니라 상대적이다. 에리히 프롬Erich Fromm은 다음과 같이 유용성의 상대적 성격을 설명하고 있다.

만일 내가 어떤 자동차를 다른 자동차보다 더 좋다고 말한다면, 다른 자동차보다 그 자동차가 나에게는 더 쓸모가 있기 때문에 '더 좋은 것'이라고 이야기한다는 사실은 자명하다. 즉 좋다, 나쁘다라는 것은 사물이 나에게 주는 유용성에 관계된다. 만일 어떤 개의 주인이 그 개를 '좋다'고 생각한다면, 그는 개의 성질 중 그에게 유용한 어떤 성질에 대해 언급하고 있는 것이다. 예를 들면 그 개는 집 지키는 개, 사냥개, 혹은 애완동물로서 수인의 요구를 충족시키므로 유용한 것이다. 사물은 그것을 사용하는 사람에게 좋으면 좋은 것으로 간주되는 것이다.[04]

그의 주장은 많은 것을 시사한다. 무엇보다도 어떤 개인에게 있어 한 사물의 존재를 의미 있게 하는 것은 그 주체의 평가라는 점에 주목할 필요가 있다. 물론 사물의 유용성에 대한 평가는 주관적 해석의 결과이기 때문에 보편적이거나 절대적이기보다는 상대적이고 개별적인 모습으로 발현한다. 즉, 어떤 주체에게 유용하고 가치 있는 것이 다른 주체에게는 무가치한 것일 수 있는 것이다. 일찍이 보드리야르는 "기능성이란 다른 것이 아닌 해석의 체계"[05]라고 말함으로써 사용 주체의 해석에 따라 달라질 수 있음을 지적한 바 있다.

역사적으로 디자인에서 일부 기능주의자들은 기능의 절대성과 보편성을 가정하였다. 우리는 그 한 예를 독일 울름조형학교의 막스 빌Max Bill에게서 찾을 수 있다. 그는 조그마한 숟가락부터 커다란 기계에 이르기까지 모든 대상물이 기본적으로 공유하는 공통된 구조를 '기능'이라고 규정하였다.[06] 기능주의는 어떤 사물의 절대적이고 본질적인 기능을 찾아 나서는 것을 구체적인 디자인 행위의 미덕으로 이해하였다. 이는 현실을 절대적이고 참된 이데아의 그림자에 불과하다고 믿었던 플라톤을 연상시킨다.

디자인에서 극단적 기능주의는 이데아적 기능에 대한 맹신적 열망으로, 그 이외의 것들을 없어져야 할 대상으로 생각하였다. 이러한 관점으로 보면 오늘날 사물의 소비과정에서 관계하는 사회·문화적 내용과 그것의 반영은 기능을 중심으로 한 사물의 순수함을 해치는 불필요한 잉여에 불과한 것이 된다. 여기에서 디자인은 순수한 기능만을 남기고 그 이외의 것들을 제거하는 과정으로 설정된다. 이러한 전통은 생산에서의 경제 논리와 결합해 오늘날까지도 영향을 끼치고 있다. 보드리야르는 사물의 순수한 기능이 존재한다는 이 믿음에 대해 다음과 같이 반문한다.

형식들, 물건들의 기능은 날마다 더욱 포착할 수 없고, 읽어 낼 수 없으며, 계산할 수 없게 된다. 오늘날 물건의 중심성, 물건의 기능 방식은 어디에 있는가? 경제적인 것, 심리적인 것 및 메타심리적인 것이 착잡하게 섞여 있는 마당에, 누가 대답할 수 있겠는가?[07]

    그의 주장에 따르면 사물에서 중심적 기능, 즉 순수한 기능을 분리해내는 것은 어려울 뿐만 아니라, 실제 사물들과의 관계에서도 큰 의미를 지니지 못한다. 생산 과정에서 특정 기능을 목적으로 제작된 사물일지라도 실제 삶의 공간에서는 맥락에 따라 다양한 모습으로 존재하는 것이 현실이라고 보았을 때, 기능주의의 관점에서 여분이라고 이해되는 것들이 중심에서 벗어나 있다고 단정하기는 어렵다. 사용과정에서 그 사물의 주된 가치와 기능은 개별 주체의 이해방식과 사용 맥락에 따라 달라진다. 사물의 존재성은 기능주의가 말하는 여분의 비합리적인 내용까지 포함해 이야기되어야 한다. 이는 앞 장에서 부채의 의미가 단순히 바람을 일으키는 것만이 아니라 장단을 맞추고, 등을 긁기도 하는 과정에서 드러나는 것과 같은 이치다.

    실제 삶에서 하나의 사물에 대한 주된 기능은 여러 모습으로 나타날 수 있다. 열쇠는 문을 열기 위한 도구이기도 하지만, 어느 순간에는 자신의 부를 과시하는 의미를 발산하기도 한다. 오래된 열쇠는 골동품으로 전시되기도 하고, 어머니가 물려주신 열쇠는 어머니와의 추억 속으로 나를 이끄는 타임머신이 되기도 한다. 사물들은 이러한 삶의 사용과정 속에서 주된 가치와 의미들을 획득하며 존재하는 것이다.

결국 사물은 생산의 영역에서 가정하는 순수한 기능을 통해서만이 아니라 그 이외의 다양한 기능들을 실제 삶에서 확인받게 되는데, 그것들의 가치는 사용 주체의 상황과 맥락에 따라 상대적으로 정해지는 것이다. 요헨 그로스Jochen Gros는 그의 「확장된 기능주의와 경험적 미학」이라는 논문에서 '실제적 기능'뿐만 아니라 '표시기능(심미적 기능, 상징적 기능)' 또한 사물이 가지고 있음을 지적한 바 있다.[08] 독일의 미학자 베른트 뢰바흐Bernd Löbach 또한 그로스의 기능 분류를 따라, 실제적 기능뿐 아니라 미적 기능과 상징적 기능이 제품에 존재하고 있음을 주장하였다.[09]

그로스와 뢰바흐가 자신들의 주장을 위해 다양한 사물의 존재의 미와 가치를 '기능'이라는 제한된 틀에 맞추려 했던 점은 분명 비판의 대상일 수 있다. 그러나 사물의 존재가치와 의미를 설명함에 있어 물리적 필요와의 관계에서 나타나는 용도에 관한 내용뿐만 아니라, 사회와의 관계에서 나타나는 내용까지를 포함하려 했다는 점에서는 긍정적이다. 사실 그들의 주장은 사물이 순수하게 실제적 기능만을 위해서 존재한다는 이전의 기능주의적 가정에 대한 반성적 성격을 포함하고 있다.

실제적 기능

'호모 파베르Homo Faber'는 도구를 사용한다는 점을 통해 인간을 다른 동물로부터 구분하려는 의도가 포함된 용어이다. 일본의 다이자부로 오키타Okita Daizaburo는 사자의 강한 체력과 송곳니도 가지고 있지 않고, 준마駿馬의 쾌속과도 무관한 인간이 만물의 영장으로 오늘날의 문화를 이룬 것은 구상능력과 구현능력을 바탕으로 한 도구의 제작과 사용 능력 때문이라고 말한 바 있다.[10] 도구의 사용은 동물의 세계에서도 볼 수 있지만 인간의 그것과는 비교되지 않는다. 일반적으로 도구는 환경에 대한 물리적 적응을 목표로 제작되는데, 여기서 환경은 자연환경뿐만 아니라 인간 삶에서 접하게 되는 물리적·생리적 상애들로도 이해될 수 있다.

'실제적 기능'은 바로 이러한 물리적인 요구에 응답하는 기능을 일컫는다. 즉, 실제적 기능은 인간의 생리적 욕구와 관계하는 것으로, 제품 사용상황의 물리적인 욕구들을 충족시켜주는 기능을 말하는 것이다. 가령 어떤 의자가 물리적인 구조상의 조작으로 앉는 자세를 교정시켜줌으로써 사용자의 피로감을 덜어주는 것은 실제적 기능의 범주에 포함된다.

그러나 오늘날 이 개념은 단순히 물리적이거나 기계적인 작용으로 기능을 하는 사물들을 설명하는 데 국한되지 않는다. 컴퓨터와 같은 전자제품에서 주변장치와의 호환성을 높이는 것이나, 프로그램의

인터페이스를 더욱 쉽고 편리하게 하는 것 또한 실제적 기능의 범주에 포함되기 때문이다. 『인간을 위한 디자인』에서 빅터 파파넥의 "비타민 병은 하나하나의 알약을 쉽게 꺼낼 수 있게 만들어져야 한다. 잉크병은 쉽게 쓰러지지 말아야 하며 얇게 잘린 훈제 쇠고기를 덮는 필름 포장은 끓는 물을 견뎌내야 한다"[11]는 지적은 사물의 실제적 기능에 대한 언급이라고 할 수 있다. 생물학자 라마르크Jean Lamarck의 말을 빌린 '형태는 기능을 따른다Form follows function'라는 루이스 설리번Louis Sullivan의 기능주의 명제에서 '기능' 또한 이러한 실제적 기능을 일컫는다.

디자인에서 기능주의자들은 이러한 사물의 실제적 기능에 대한 병적인 집착을 보여주었다. 앞에서 막스 빌의 예에서도 보았지만, 기능을 충족시키는 이상적인 형상을 추구하면서 잉여를 일절 배제한 기능주의자들의 디자인 태도는 실제적 기능만을 사물의 존재 의미라고 보는 편협한 시각을 드러내는 것이었다. 이러한 입장은 사물의 다양한 가능성과 상징성을 불필요한 잉여로 간주함으로써 삶의 맥락과 고립무원한 독립체로 사물들이 존재할 수 있다는 환상을 구체화한 것이다. 그러나 사물은 삶의 맥락으로부터 파생되는 개별적인 연상과 의미에서 자유로울 수 없다. 이렇게 보았을 때, 실제적 기능을 절대시하는 것은 사물과의 풍요로운 관계성을 부정하는 것이다. 동물생태학자로 노벨상을 받은 로렌츠Konrad Lorenz는 사물과 맺을 수 있는 또 다른

◦ **시름에 빠진 의자** 의자는 매우 피곤해 보인다. 삶 속에서 많은 추억들을 간직한 채 쉬고 싶은 것일까?

경험을 다음과 같이 기술하고 있다.

우리들 가운데 누군가 한 사람이 낡은 바지나 파이프를 폐기처분 하려고 할 때 느끼는 애석한 마음은 어떤 의미에서 인간이 우인友人에 대한 사회적 연관과의 감정과 같다고 내가 주장한다면, 일견 역설적으로 들릴지 모른다. 그러나 내가 수없이 많은 아름다운 여행의 추억이 담긴 헌 자동차를 마침내 팔았을 때의 감정을 생각해보면, 그것이 친구와 이별할 때의 감정과 본질적으로 같다는 것을 확신할 수 있다.[12]

로렌츠의 말에서 우리는 사물이 단지 실제적 기능만을 통해서 우리와 관계하고 있지 않음을 확인하게 된다. 만일 우리가 실제적 기능의 관점에서만 사물들과 관계하는 것이라면 기능을 상실한 사물을 폐기해버리고 기능이 향상된 새로운 제품을 접하면서 애석한 마음이 들 리가 없다. 그의 주장은 사물과 관계하는 다양한 경험 방식이 존재할 수 있음을 시사하는 것이다. 그러한 다양한 경험 방식은 사물과의 관계를 풍요롭게 한다. 이 지점에서 기능주의 디자인의 사물에 대한 이해방식은 또 한 번 현실적이지 못한 이상이었음이 드러난다.

더욱이 기하학적인 조형언어를 통해 실제적 기능에 이르고자 하였던 역사는 그들이 주장하는 실제적 기능마저도 의심하게 한다. 기하학적으로 환원된 형태들의 조합에 의해 실제적 기능이 충족될 수

◦ **미스 월드 선발대회** 아름다움이란 대상 자체에 존재하는 절대적이고 보편적인 그 무엇이 아니다.

있다는 믿음은 이상과 그 구체적인 실현 사이의 거리를 느끼게 한다. 그러한 조형언어가 삶에서의 필요나 요구에 적합한 것이기보다는 오히려 기계 생산에 효율적이라는 점은 그들이 희망하고 추구했던 지향점이 '생산의 기능성'이었음을 드러내는 것이다.

◦ **카렌족 미인** 긴 목을 미의 척도로 삼는 태국 북부 카렌족의 모습은 아름다움에 대한 또 다른 기준을 보여주고 있다.

심미적 기능

심미적 기능은 사물의 사용과정에서 사용자에 의해 경험되는 미적 경험과 관계하는 기능이다. 그것은 사물의 형태나 색상, 질감 등에 의해서 자극되는 것으로 오늘날 소비과정에서 중요한 요소로 주목받고 있다. 심미적 기능은 사물에 의해 독립적으로 구체화되는 것은 아니다. 그것은 대상으로서의 사물뿐만 아니라, 미적 경험의 주체와 그 주체가 자리하는 상황의 상호작용 속에서 구체화되는 것이다.

미적 경험은 심미적 기능이 지향하는 지점이다. 그러나 이 경험은 실제적 기능에서보다 더욱 주관적일 뿐만 아니라 추상적인 성격을 가진다. 심미적 기능은 사용자로 하여금 사용과정에서 아름다움을 경험하도록 돕는다. 그러나 현실적으로 아름다움을 경험한다는 것이 무엇인지, 아름다움을 경험하는 것이 미적 경험의 전부인지, 아름다움이란 무엇이고 그 판단 기준은 무엇인지와 같은 쉽지 않은 문제들이 뒤를 잇는다.

아름다움을 경험하고 인식하는 데는 인식 주체가 가진 미적 코드가 매우 중요하다. 미적 코드는 어떤 대상과의 관계에서 미추美醜의 경험을 이끌어내는 기준으로 작용한다. 이러한 미적 코드는 절대적이고 보편적이며 독립적으로 존재하는 것이 아니라 문화와 맥락에 따라 다양한 모습을 보인다. 또한 미적 코드에 의해 촉발된 미적 경험은 하나의 대상

◦ **『바우하우스 저널』의 표지** 순수 기하학적 형태가 보편적인 미적 경험을 가능하게 할 것이라는 가정은 실제 삶에서 무너진다.

내부의 속성에 의해서 제공되는 것이기보다는 여타의 비미적非美的 요소들과의 관계에서 획득되는 것이다. 자네트 월프Janet Wolff는 "중요한 사실은 미적 경험의 본질, 예술작품 자체의 존재방식과 그것의 확인 등이 초미적超美的 요인들에 의해 규정되고 영향받는 점"[13]이라고 지적함으로써, 미적 경험의 문제를 비미적 요소들과의 관계에서 다루었다.

미적 경험의 문제는 경험 주체의 문제요, 경험 시기의 문제이며, 경험 맥락의 문제다. 그러므로 구체적인 미적 경험을 가능하게 하는 이러한 비미적 요소로부터 멀리 떨어져 있는 절대적인 미를 실제 삶에서 상정하는 것은 비현실적이고 이데올로기적인 것이다. 삶 속에서 '아름다움이란 무엇인가'라는 물음은 하지니콜라우Nicos Hadjinicolaou가 지적한 바와 같이 '누구에 의해서, 언제, 그리고 무슨 이유로 해서 그 대상이 아름다운 것인가'라는 물음으로 대체되어야 한다.[14]

이처럼 독립적이고, 보편적이며, 절대적인 미적 기준이 존재하지 않는 것이라면 미의 문제는 사회·문화적인 관계의 문제로 다루어져야 할 것이다. 왜냐하면 아름다움은 앞에서 보았듯이 상대적으로 판단되는 개념일 뿐만 아니라, 삶과 밀접한 관계 속에서 구체적으로 드러나기 때문이다. 박성봉은 다음과 같이 주장한다.

미적 상황은 그 밖의 삶의 국면들과 단절되어 고립된 현상이 아닙니다. 오히려 미적 상황은 항상 우리의 삶의 맥락에서 발생하는 것입니다. 또한 미적 상황은 그 밖의 모든 것과 함께 온갖 종류의 가치, 규범, 동기, 선입견, 관습 등에 의해 색깔이 칠해져 있

는 것입니다.[15]

그에 따르면 미적 경험이란 다른 경험들과 분리되어 무관심한 상태에서 이루어지는 것이 아니라 판단 주체가 위치한 사회·문화적 맥락 속에서 경험되는 것이다. 그러므로 사물에서 심미적 기능은 한 사물이 가지는 형식상의 내용에 의해서라기보다는 그것을 포함해 경험 주체로서의 사용자, 경험이 이루어지는 시간과 공간 등 다양한 조건들의 상호작용으로 구체화하는 것이라 할 수 있다.

디자인의 역사를 거슬러 올라가는 길목에서 우리가 마주하게 되는 모던 디자인의 미학체계는 보편적인 미적 경험의 가능성을 받아들였다. 이는 칸트적인 이해를 배경에 두고 있는 것으로, 취향의 보편적인 존재 가능성에 대한 믿음을 보여주는 것이다. 그러나 현실은 그러한 가정을 받아들이지 않는다. 생산 영역에서 아름다운 것으로 판단된 대상이 사용의 영역에서 또한 그렇게 받아들여질 것이라는 믿음은 나름의 미적 취향을 가진 존재인 사용자들에 의해 산산이 부서진다. 이 지점에서 모던 디자인이 가정하는 보편적인 미美라는 것은 환상에 불과하다는 사실이 드러난다. 기하학적 도형을 통해 그들이 추구한 절대미는 실제 삶의 다양한 사용자들과 사용 맥락 속에서 재해석되어야 할 대상에 불과하였던 것이다.

상징적 기능

사물이 용도적 관점이나 미학적 관점에서만 다루어진다면, 사회 내에서 그것이 파생하는 상징적, 혹은 문화적 내용은 설명될 수 없을 것이다. 사물들은 용도적인 효용과 미적인 경험뿐만 아니라, 사회적이고 문화적 상징 내용을 유통시킨다. 사물의 상징적 기능에 대한 논의는 바로 이러한 내용에 대한 고찰이다.

상징적 기능은 심미적 기능과 비교될 수 있다. 심미적 기능이 미적 경험의 문제와 관계한다면, 상징적 기능은 사회적 관계 내에서 의미 소통의 맥락과 관계한다. 사물이 사회 내에서 의미 소통의 매개로 작용한다는 것은 그것이 기호적 성격을 갖는다는 것을 뜻한다. 사물의 기호성에 대하여 보드리야르는 다음과 같은 지적을 한 바 있다.

물건들이 지표에 따라 이동하는 사회적 의미를, 문화적·사회적 위계를 실어 나른다는 것 — 그것도 형태, 재료, 색깔, 지속 기간, 공간 속에서의 진열 등 물건들의 세부 사항들 가운데 가장 사소한 것을 통해서 말이다 — 은, 요컨대 물건들이 약호를 구성한다는 것이 확실하다.[16]

사물이 사회적 의미들을 유통시킨다는 사실은 그 자체가 사회 내에 자리하는 상징적 코드와 관계하면서 존재한다는 것을 뜻한다. 즉

◦ 과거의 사회적 지위와 권위를 나타내는 사물

무엇이 부를 상징하고, 무엇이 권력을 나타내며, 무엇이 젊음을 말하는가에 대해 구성원들이 공유하는 내용이 사물의 형태로 존재한다는 것이다. 이것은 앞의 미적 경험에서도 그랬지만, 사물의 형식에 의해 독립적으로 만들어지거나 지속적으로 유효할 수 있는 그런 성질의 것은 아니다. 하나의 사물에 대응하는 사회적 의미와 가치들은 사회적 관계들 속에서 만들어지고 변화하며 사라진다.

이러한 변화를 확인할 수 있는 예를 찾는 것은 어렵지 않다. 영화 「브레이브 하트Brave Heart」로 아카데미 각본상을 받은 랜달 웰러스Randall Wallace 감독의 데뷔작인 「아이언 마스크The Man in the Iron Mask」는 그 내용만큼이나 영화에 등장한 화려한 의상으로 유명하다. 그 영화에서 레오나르도 디카프리오Leonardo Dicaprio가 입었던 왕의 의상은 왕으로서 그를 나타내는 하나의 기호였음이 분명하다. 영화 속에서 그것은 화려하고 기품이 있어 보였다. 그것에 대한 이해는 우리가 타임머신을 타고 실제 역사 속의 17세기를 경험한다고 하더라도 크게 바뀌지 않을 것이다. 그러나 만일 누군가 그 의상을 걸치고 21세기의 거리를 활보한다면, 우리는 권위 있는 왕이 아니라 광대나 배우, 혹은 광인으로서 그를 이해할 것이다. 물질적인 내용에는 변화가 없지만 그 의미는 크게 변하였다. 작용하는 코드의 차이에서 비롯된 이러한 결과의 차이는 사회적 코드가 맥락에 따라 서로 다를 뿐만 아니라 끊임없이 변화함을 말해준다.

한 사물의 상징적 의미는 사회성과 역사성을 가지며 사회·문화

○ 우리 시대의 사회적 지위를 나타내는 사물

적 내용과의 상호작용 속에서 구체화된다. 실제로 상징이라는 말은 연관된 대상을 떠올리게 하는 인지할 수 있는 가시적 기호로, 일정한 그룹에 의해서 특별한 의미가 부여되는 형상을 의미한다.[17] 여기에서 '연관'은 사회·문화적으로 결정되고 변화하는 것으로서, 하나의 프로그램이 작동하는 것과 유사한 방식으로 작동한다. 즉, 자극이 주어졌을 때 일정한 경로를 통해 특정한 의미에 도달하는 것이다. 그것은 물론 한 사회의 역사와 문화적 조건에 의해 변화하고 사라지고 다시 형성된다는 점에서 우리가 이해하는 프로그램 이상이다.

상징은 문화적 코드의 존재를 전제한 개념이다. 따라서 하나의 사물이 특정 사회에서 어떠한 상징적 기능들을 행하는지를 고찰하기 위해서는 그 사회의 문화와 역사적 맥락에 대한 이해가 선행되어야 한다.

2

채워진 그릇인가, 채워질 그릇인가: 사물의 사회·문화적 기능

앞에서 '실제적 기능'에 대한 논의는 한 사물의 기능이란 것이 보편적으로 규정할 수 있는 것이라기보다는 사용 상황과 주체들에 의해 상대적으로 확인될 수 있는 성질의 것임을 보여준다. 즉, 어떤 절대적 권위를 가진 누군가에 의해 주어지는 것이 아니라, 사용자에 의해 발견되고 부여되는 것이었다. 사물의 '심미적 기능' 또한 사회·문화적 맥락과의 관계 속에서 규정되고 변화하는 것이기는 하지만 개별 경험의 주체가 판단하는 것임을 확인하였다. 결과적으로 위의 두 기능은 타인과 관계를 통해서 확인되는 것이라기보다는 개별적 주체의 경험이 보다 강조되는 기능인 것이다.

그러나 '상징적 기능'의 경우는 사회적 차원에서 전개되며, 따라서 타인의 존재는 이 기능을 설명함에 있어 필수적인 요소로 자리한다. 즉, 상징적 기능은 실제적 기능이나 심미적 기능과 달리 주체들 간의 관계 속에서 기능하고 경험되는 것이다. 만일 타인을 지향하거나 타인을 상정해 이루어지는 행위를 사회적 행위라고 한다면, 사물들의 사용과 유통을 통해 확인되는 상징적 기능은 사회적 행위임이 틀림없다. 타자 의존성은 한 행위를 사회적 행위로 만드는 중요한 요소이다. 이러한 사회적 행위에 대해 소두영은 다음과 같이 설명한다.

> 사회적 행동이나 사회적 행위는 개인적 차원에 있어서의 욕구불만이나 동기해소에 그치는 단일한 행동이 아니고 항시 타자의 기대를 의식하고 그 동조를 지향하여 공통적인 사회규범에 구속된 대타인적, 대사회적 행위이다. 이러한 사회적 행위가 그 반응으로서의 타자의 사회적 행위를 유발했을 때 상호작용이 일어나게 된다. 그러한 의미에서 사회적 행위는 상호적인 것이며, 타자 규정적이며, 타자 의존적인 것으로 그 상호관계를 사회관계라고 한다.[18]

사회적 행위는 타인과의 관계에서 이루어진다. 사물의 소비가 사회적인 활동으로 이해되기 위해서는 그것의 타자 의존성, 즉 타인과의 상호작용 속에서 변화하는 그 내용이 확인되어야 한다. 상징적 기능은 이러한 내용을 실제 소비 공간에서 확인시켜 준다.

사물의 상징적 기능이 타인들과의 관계에서 이루어지는 사회적인 것이라는 의미는 공중전화나 버스와 같은 공공제품이 사회 내에서 수행하는 기능과는 구별되는 것이다. 공중전화나 버스와 같은 사물들 또한 타인들과의 공유를 전제로 제작되고 사용되지만, 그것들은 실제적 기능에서 우리가 보았던 물리적 욕구 해소의 차원을 넘지 않는다. 상징적 기능은 이처럼 물리적 욕구를 해소하기 위해 어떤 사물을 타인과 공유하는 지점에서 확인될 수 있는 것이 아니다. 오히려 그것은 타인과의 관계 속에서 인식된 욕망의 대상에 우리의 시선을 고정함으로써, 욕망의 샘을 자극하고, 욕망을 재생산하며, 욕망 충족의 환상을 제공하는 사물들을 소비하는 지점에서 확인될 수 있다. 그것은 타인의 시선에 대한 인식을 필요로 하는 것이다.

한 사물이 사회적으로 기능한다는 것은 그것이 사회 내에서 욕망의 시선들을 실어 나르고 있음을 의미한다. 오늘날 사물들의 소비는 사회적인 활동이다. 그것은 타인에게 자신이 표현하고자 하는 의미를 사물을 통해 유통시키는 교환행위이기 때문이다. 여기서 사물은 기호가 된다. 보드리야르는 『사물의 체계』에서 우리가 제품을 소비하는 것은 그 의미를 소비하는 것이라고 주장하였다.[19] 그는 분명 실제적 기능을 행하는 사물이 아닌 또 다른 모습으로 존재하는 사물들의 실존을 발견하였다. 보드리야르의 주장을 소두영은 다음과 같이 재차 확인하고 있다.

소비행위라는 것은 원래는 경제적 현상이며, 소비의 대상이 되는 물건은 그 품질, 성능, 기능 등의 유용성으로 이루어진 물적 가치라는 것이 경제적 원리이다. 인간의 문화양상이 다양화하고 소비 그 자체가 기본적인 생활의 유지를 위한 경제행위임을 넘어서서 소비의 동기도 충동이나 유행 등의 요인으로 복잡해짐에 따라 소비를 단순한 경제현상으로 포착하기는 어렵게 되고, 상품의 물적 가치는 그 유용성으로 이루어진다기보다도 상품에 부여된 의미의 기호성으로 이루어진 감각적인 기호적 가치를 가지기에 이른다. 그렇게 되면 물건이나 상품은 바로 기호의 구실을 한다.[20]

윗글은 사물의 소비가 실제적 기능의 확인이라는 차원을 넘어서 상징적 기능을 수행함에 따라, 경제적 부富, 정치적 입장, 교육 정도, 심지어는 취향과 같은 사회적 내용을 유통시키는 기호로 사물이 자리하게 되었음을 지적하고 있다.

예를 하나 들어보자. 언젠가 한 범죄조직이 외제 승용차를 타고 다니던 40대 여인을 납치하여 생매장 살해한 사건이 있었다.[21] 수법이 잔인했던 이 사건은 삶의 공간에서 사물들이 어떻게 기호로서의 자격을 획득하고 소비되는지를 구체적으로 보여주고 있다. 사건은 한 여인의 외제차 소비에서부터 출발하였다. 그녀는 조그마한 사업체를 운영하였는데, 그렇게 부유한 편은 아니었다. 그럼에도 그녀는 친구에게서 돈을 빌려 외제차를 구입하였다. 외제차를 타고 다니는 그녀를 범죄조직은 부자라고 상상하였고, 이내 납치하기에 이르렀다. 돈을 요구하는 범죄자들에게 여인은 자신이 부자가 아니라고 사실대로 이야기했지만, 그들은 믿지 않았다.

 살해된 여인은 왜 돈을 빌리면서까지 외제차를 구입하였던 것일까? 그 이유를 알기 위해서는 우리 사회에서 외제차가 갖는 의미에 대한 이해가 선행되어야 한다. 지금껏 외제차는 국산차에 비해 상대적으로 비싼 가격과 희소성으로 부와 권력을 가진 이들에 의해 소비되어왔고, 이 과정에서 부와 권력의 상징이 되었다. 한국이라는 시공간의 맥락에서 외제차는 단순히 운송수단으로 쓰임을 위해서만 소비되는 대상이 아니라는 말이다. 그것은 기호의 체계 내에서 존재가치를 확인받는 사물인 것이다. 보드리야르는 이러한 기호적 의미야말로 소유를 가능하게 하는 것이라고 말한다.

 만약 내가 냉동을 위해 냉장고를 사용한다면, 냉장고는 편리한 매개물이다. 즉 그것은 사물이 아니라 냉장고이다. 이러한 범위 안에서 내가 그것을 소유하는 것은 아니다. 소유란 결코 도구의 소유가 아니다. 왜냐하면 도구는 나에게 세계를 참조하게 하기 때문이다. 소유는 늘 자기 기능에 따른 추상적 사물의 소유이며, 주체와 관련 있게 되었다. 이러한 차원에서 소유된 모든 사물들은 같은 추상화의 성질을 띠며, 그것들이 오직 주체만을 참조하는 한 서로를 참조하게 한다. 따라서 그것들은 체계 속에서 구성되며, 체계의 도움으로 주체는 세계와 사적인 총체성을 구성하려고 한다. 이렇게 모든 사물은 두 가지 기능을 가진다. 하나는 흔히 쓰이는 것이고, 다른 하나는 소유되는 것이다.[22]

 보드리야르가 이야기하는 체계는 기호의 체계다. 그것은 관계에 의해서 형성되는 것이고, 관계 속에서 변화한다. 외제차는 이 관계에 자리하면서 사회적인 부와 권력의 기호가 되었다. 살해된 여인은 그 기호를 읽어냈고, 부와 권력을 향한 자신의 결핍된 욕망을 해소하기 위해 돈을 빌리면서까지 기호로서의 외제차를 구입했던 것이다. 그것은 쓰임에 대한 욕망이 만들어낸 것이 아니라, 체계가 만들어내는 소외와 결핍을 해소하기 위한 반응이다.

　여인을 살해한 범죄자들 또한 우리 사회에서 부와 권력이 어떠한 상징을 통해 표현되는지 인식하고 있었다. 그들이 이 여인을 범행의 대상으로 삼은 것은 그들이 알고 있는 부와 권력의 상징을 이 여인이 소유하고 있었기 때문이다. 기호를 읽는 사람은 기호로부터 기호가 지시하는 대상으로 향하려 한다. 범죄자들은 여인이 소유한 자동차의 기호를 읽고 그 여인이 사회적 부와 권력을 소유하고 있다고 확신하였던 것이다.

　이 사건은 사물이 사회 내에서 어떠한 역할을 하는지 보여주고 있다. 기호의 체계 내에서 의미를 유통시키기 위해 사물들은 소비된다. 소비사회에서 사물은 단순히 물질 덩어리가 아니라, 사회적으로 결핍과 충만함을 표현하는 기호물로서 기능하는 것이다. 한 사물이 기호의 체계 내에서 긍정적 의미를 나타내는 상징으로 자리 잡게 되면, 그것을 소유하지 못한 이들은 그것으로부터 결핍을 느끼게 된다. 해당 사물은 그들이 결핍된 존재라는 것을 확인함으로써 욕망의 대상이 된다. 결핍의 경험은 타인들과의 관계 속에서 발생한다. 사회에서 사물들은 삶을 살아가는 개인들의 결핍을 끊임없이 이야기하고, 그 결핍을 채워줄 수 있다는 환상 또한 유통시킨다. 이러한 메커니즘 속에서 발생하는 소비는 만족을 모르는 소비로서, 끊임없이 스스로를 재생산한다. 이렇게 끝을 모르는 소비가 바로 기호의 소비다.

 하나의 기호가 기호로서 작용하는 것은 그 기호의 화폐적 특성 때문이다. 화폐는 스스로 자신의 가치를 증명하기보다는 화폐가 유통되는 체계를 통해 자신의 가치를 드러낸다. 그 가치는 엄밀히 말해 그 자리에 존재하지 않는다. 기호 역시 마찬가지다. 일찍이 움베르토 에코 Umberto Eco는 그의 거짓말 이론에서 "기호는 다른 어떤 것으로 의미적으로 대치할 수 있는 모든 것이다. 다른 어떤 것은 반드시 존재해야 할 필요도 없고 기호가 어떤 것을 대신하는 순간에 어떤 곳에 그것이 실제로 존재할 필요도 없다"[23]라고 기호의 속성을 기술하였다. 기호의 이러한 속성은 삶 속에서 본질과는 다른 모습을 드러낼 수 있도록 만들어준다. 그 때문에 기호는 거짓을 말하는데 사용될 수 있다. 부자가 아니면서도 부자라고 말할 수 있고, 고급의 취향을 갖고 있지 못하면서도 자신의 저급함을 가릴 수 있다. 이러한 속성 때문에 사물들을 통한 기호 소비는 끊이지 않는 것이다.

 오늘날 폭발적으로 증가하는 소비는 하나의 상징을 만들고 정당화하려는 소비, 그렇게 만들어진 상징체계를 침범하는 소비, 그리고 그 상징체계를 보호하려는 소비로 구성된다. 다음의 사례는 하나의 상징체계를 침해하는 소비가 어떻게 그 상징체계 내에서 헤게모니를 장악한 이들에 의해 견제당하는지를 보여준다.

경영자와 똑같은 벤츠를 산 어느 세일즈맨이 해고되었다. 소송을 건 결과 그는 노사분쟁조정위원회로부터 보상은 받았지만 복직되지는 못하였다.[24]

    이 예에서 경영자가 소유한 벤츠는 단순히 기능적으로 우수한 자동차라는 차원을 넘어서 부와 권력의 상징이다. 경영자와 동일한 벤츠를 구입한 그 세일즈맨은 사회 내에서 유통되는 부와 권력의 상징을 소비한 것이지만, 결과적으로 상징체계를 침범한 것이었고, 그 침범행위가 구별되기를 원하는 경영자를 불쾌하게 만든 것이다. 경영자는 세일즈맨의 상징소비 때문에 자신의 구별짓기 기호가 차별적 가치를 상실하는 사태를 막고 싶었을 것이다. 실제로 사회는 암암리에 특정 집단의 소속을 드러내기 위해서 소유해야 할 사물들과 소유하지 말아야 할 사물들을 구분하고 있다. 뢰바흐는 이에 대해 다음과 같이 말하고 있다.

사회적인 규범은 그룹에 소속된 사람들에게 일정한 제품의 소유를 요구한다. 예를 들어 일반적인 승마 클럽의 회원은 동일한 복장을 입고 자신의 말$_{馬}$을 사용한다. 이러한

- **사회에서 특권을 나타내는 제품들** 골드카드, 골프 회원권, 그리고 외제차…….

규칙을 지키지 않는 자는 결국 그 그룹으로부터 제명당하는 것까지 생각해야 한다. 사회적 계층의 구성원은 같은 제품의 사용을 통해서 자기 자신을 나타내는 연대감을 발전시킨다. 예를 들어 그들은 같은 자동차를 소유한다. 즉 같은 제품의 소유는 그들에게 같은 사회적 지위를 상징화하며 연대감을 낳는다.[25]

경영자와 동일한 벤츠를 구입한 세일즈맨의 예에서 벤츠는 상류층의 집단적 연대를 드러내는 사물이었던 것이다. 이는 특정 사물들이 사회 내에서 구별짓기 기호로 작용하고 있음을 나타낸다. 사회 내에서 이러한 구별짓기 기호로 자리하는 사물들은 그것을 소유하지 못한 이들로 하여금 결핍을 느끼게 하고 그것을 채우려는 욕망을 만들어 낸다. 그 욕망에 화답하는 소비는 상징을 침범하는 행위가 된다. 여인이 외제차를 구입한 것과 세일즈맨이 외제차를 구입한 것은 상류층의 집단적 연대를 드러내는 사물이 만들어낸 결핍의 느낌을 해소하려는 욕망에서 비롯된 소비행위였다.

사회 내에서 부와 권력을 드러냄으로써 남과 다른 자신을 정의하거나, 결핍과 억압에서 벗어나고자 하는 욕망 해소의 수단으로 나타나는 사물의 소비는 사람과 사람 사이를 이어주는 역할을 하기도 한다. 여기서 '이어준다'는 의미는 나와 이웃, 그리고 이웃과 또 다른 이웃이 관계하는데 하나의 매개물로서 사물이 존재한다는 것을 말한다. 나는 사물을 통해 이웃을 읽고, 이웃 또한 사물을 통해 나를 읽는다. 그것은 그 자체로 사회적 행위이자 사회적 관계를 형성하는 것이다.

사물을 매개로 이루어지는 관계를 통해서 사회적 삶이 유지되고 인간은 혼자가 아닌 공동체적 존재임을 확인한다. 많은 이들이 아침마다 여러 가지 옷을 입어보며 거울을 본다. 거울에 비친 모습은 타인에게 읽힐 나의 모습이다. 이는 우리가 관계 속에 자리할 뿐만 아니라, 그 관계를 형성하는데 사물이 중요하게 기능한다는 증거일 것이다.

　이러한 관계는 횡적인 연결기능뿐만 아니라 종적인 연결기능도 수행한다. 시간의 흐름 속에서 인간은 유한한 존재이다. 시간이 지나 이 세상을 떠날 때, 우리는 우리가 자리했던 흔적만을 남길 수 있다. 조상이 남긴 흔적들을 보면서 조상을 이해하는 것과 같이 우리의 흔적은 우리가 어떠한 생각을 했고, 어떻게 살았는지를 후손들에게 전해줄 것이다. 사실 인류가 오늘날과 같은 문명을 이루어낼 수 있었던 데는 사물이 가지는 종적인 연결기능이 큰 역할을 하였다. 사물은 과거와 현재를 이어주고, 또한 현재와 미래를 이어주는 매개다. 우리가 타임캡슐을 묻어 후손들에게 우리의 삶의 모습을 전하고자 하는 것, 박물관의 다양한 옛 사물들 속에서 과거의 삶과 문화를 이해하고 재해석하며 의미를 부여하는 것은 사물이 실제로 종적인 연결 기능을 행하고 있음을 보여주는 것이다.

　또한 사물은 삶의 희로애락을 경험하게 한다. 한때는 백일몽을 꾸는 낭만적인 존재가 되기를 희망하지만, 때에 따라서는 기계가 작동하는 것과 같이 차갑고 엄격한 존재가 되기를 희망하는 것이 인간이다. 이것이기도 하면서 동시에 저것이기도 한 존재, 기쁨과 슬픔, 즐

거움과 고통이 서로 뒤엉켜 있는 삶의 공간에서 살아가는 존재가 바로 인간이다. 사물은 이러한 인간의 모순된 성격을 구체적으로 드러내고 확인시켜준다.

    결국 사물들과 그것의 존재방식은 삶을 살아가는 개개인이 사회적 존재임을, 그리고 너무나 인간적인 존재임을 확인시켜준다. 이것은 사물이 생산 과정을 통해 완성되는 것이 아니라, 사용 과정에서 삶과 만나며 완성되는 것임을 드러낸다. 우리 삶의 공간에는 다양한 사물들이 존재한다. 차가운 금속 덩어리의 모습으로, 미끈한 플라스틱 덩어리의 모습으로, 혹은 나풀거리는 천조각의 모습으로 존재하는 이것들에 생명을 부여하는 것은 삶이다. 그래서 사물은 언제나 채워지기를 기대하는 비어 있는 그릇이라고 할 수 있는 것이다.

◦ **왔다가 사라지는 존재** 우리는 지구라는 이 공간에 잠시 왔다가 사라지는 존재일 뿐이다. 남는 것은 우리의 발자국 뿐⋯⋯. 인공물들은 바로 우리가 남길 발자국들이다.

04
키치의 이해

일상 삶의 공간에 자리하는 사물은 디자인 전문지의 도판에서처럼 순수하고 정돈된 모습으로
존재하지 않는다. 불순함과 어지러움은 우리가 경험하는 사물들의 본 모습이다.
키치는 바로 그곳에 뿌리를 내린다. 생산 영역에서 가정하는 바와 같은
순수한 기능 덩어리로서의 모습이 아니라, 생활 주체들의 아픔과 즐거움을 품고 있는 키치!
그것은 외부 자극에 대한 저항과 적응의 매개이며, 삶을 표현하는 매체인 것이다.

1

키치란 무엇인가?

바이올린 모양의 전화기, 각종 동물이나 만화 주인공의 형상을 한 시계, 장식된 자동차. 어딘지 촌스럽고 천박하기까지 한 이들의 모습은 순수함보다는 불순함에, 진지함보다는 가벼움에 가깝다. 이것들은 불순함과 가벼움으로 우리를 유혹한다. 삶에서 우리는 기꺼이 그것들의 유혹에 응답하고, 그것들을 받아들인다. 키치$_{kitsch}$는 아마도 이러한 사물들의 존재방식, 그리고 그렇게 존재하는 현상을 일컫는 가장 그럴듯한 용어일 것이다.

◦ '키치'라는 이름의 가게

키치라는 용어는 일반적으로 영어의 스케치$_{\text{sketch}}$, 혹은 '진흙을 문대며 논다'라는 의미의 독일어 동사 키첸$_{\text{kitchen}}$에서 유래했다고 알려져 있다. 우리는 현대미술의 철학적 의미를 물었던 해리스$_{\text{Karsten Harries}}$에게서 이러한 어원적 유래를 들을 수 있다.

키치의 어원에 관해서는 두 가지 이론이 있다. 그 첫 번째는 이 낱말을 영어의 '스케치'에 관련시키고 있다. 바바리아의 수도를 방문한 영국인들이 중요한 예술적 기념이 될 만한 것들을 몇 개를 집으로 가져가기 원했을 때, 그들은 속성화인 스케치가 필요했다. 그것은 아마도 눈 덮인 산꼭대기들을 그린 그림이거나 아침 해와 젖 짜는 여자, 또 멋있게 생긴 젊은 산지기들과 조화를 이루고 있는 사랑스런 알프스 협곡의 그림이거나 또는 맥주잔과 커다란 흰 무를 흔들고 있는 유쾌한 수도사들의 그림이었을 것이다. 두 번째의 좀 더 그럴듯한 이론은 키치를 애매한 독일어 동사인 키첸$_{\text{kitchen}}$과 연관시켜 해석하는 것인데, 키첸은 진흙을 가지고 그것을 손으로 문대며 논다는 의미를 가지고 있다.[01]

물론 해리스가 언급한 것처럼 키치의 어원에 대한 이론이 두 가지만 있는 것은 아니다. 이 밖에도 '값싸게 만들다'라는 메클렌부르크(독일 북동부의 한 지역) 방언$_{\text{verkitschen}}$에서 유래하였다는 이론, '건방지고 우쭐대는 것'을 의미하는 러시아어 동사$_{\text{keetcheetsya}}$에서 유래하였다는 이론도 있다.[02] 이 어원들이 가지는 공통된 내용을 발견하는 것은 쉬운 일이 아니지만, '키치'라는 용어가 진지하고 긍정적인 의미보다는 가볍고 부정적 의미로 사용되어왔음을 알 수 있다.

　부정적 의미로 키치를 보려는 태도는 최근까지 이어져 왔다. 특히 예술 담론에서 키치는 예술적인 것 너머에 있는 저속하고 감상적인 움직임으로 이해됐다. 그것은 참된 예술의 물을 흐리는 존재로서, 예술이라고 부를 수 없는 작품을 부정하며 저주하는 용어였던 것이다. 키치 논의에서 빼놓을 수 없는 미술비평가 클레멘트 그린버그Clement Greenberg는 "참된 문화의 가치에는 무감각하면서도 특정한 문화만이 제공할 수 있는 오락을 갈망하는 사람들을 위해 생겨난 대용 문화가, 곧 키치"[03]라고 지적함으로써 진정한 예술에 대한 부정의 용법으로 키치를 개념화하였다. 그에게 키치는 그가 믿고 있는 참된 문화의 가치에 반하는 가볍고 말초적인 모든 것을 의미한다. 실제로 그는 다음과 같은 것들을 키치의 영역에 포함시킴으로써 그가 부정하고자 한 대용 문화가 무엇인지를 구체적으로 드러내었다.

키치…… 그것은 대중적이고 상업적인 예술과 원색 화보가 있는 문학지, 잡지의 표지, 삽화, 광고, 호화판 잡지나 선정적인 싸구려 잡지, 만화, 유행가, 탭 댄스, 헐리우드의 영화를 말한다.[04]

  ◦ 그린버그가 키치라고 칭한 대중문화

그는 오늘날 대중문화라고 일컬어지는 것들을 키치의 영역에 포함시키고 있다. 키치를 부정의 용법으로 사용하였던 그가 키치 개념을 통해 옹호하고자 한 '참된 문화'는 자신 이외의 문화를 거짓된 것으로 만들었다. 그가 이야기하는 참된 문화는 순수예술과 같은 고급문화를 의미한다. 그는 이러한 고급문화의 반대편에 키치를 배치함으로써 파생되는 강한 대비를 통해 고급문화의 우월성을 주장했던 것이다. 타자를 통해서 자신의 존재가치를 확인받으려는 이러한 방식은 고급문화의 우월성과 대중문화의 저급함을 동시에 증명할 수 있는 가장 쉬운 방법이다.

헝가리 태생의 예술사가인 아르놀트 하우저Arnold Hauser 또한 『예술의 사회사』라는 책에서 "키치가 내세우는 요구들이 아무리 고상하다고 할지라도 키치는 사이비 예술인 것이며, 달콤하고 싸구려 형식을 갖춘 예술이고, 위조되고 기만적인 현실묘사에 불과한 것이다"[05]라고 키치에 대한 부정적인 시각을 드러내었다. 여기서 하우저의 시각은 그린버그와 다르지 않다. 그는 예술을 고급과 저급으로 구분하고, 그것들을 수직적인 서열구도 내에 세워놓았다.

그린버그와 하우저는 그들이 옹호하는 참된 문화에 이르지 못하는 것들을 부정하기 위해 키치라는 용어를 사용하였다. 이들에게 키치는 예술, 궁극적으로는 문화의 영역에서 사라져야 하는 영역인 것이다. 물론 그들이 이야기하는 문화란 "미적인 탁월함의 표준, 즉 세상에서 생각되고 말하여진 것 중에서 최상의 것"[06]을 의미한다.

- 백제의 정림사지 5층 석탑
- 정림사지 5층 석탑을 모방한 공중전화 부스의 키치적 모습 한국통신 사외보 『여보세요』 1995년 3월호

그렇다면 키치의 내용이 구체적으로 무엇이기에 그들은 혐오스러운 눈으로 키치를 보았던 것일까? 무엇보다 그들은 키치를 구체적 산물로 보고 있다. 참되지 않을 뿐만 아니라, 위조와 기만으로 가득 찬 산물! 이러한 그들의 평가에는 키치를 알고자 하는 의지보다는 부정적인 것으로 보려는 의지와 선입견이 강하게 스며있다. 산물은 구체적인 형상을 지니기 때문에 쉽게 지각될 수 있다. 이러한 속성이 그들로 하여금 자신들이 옹호하는 진정한 문화의 우월함을 증명해 줄 비교 대상으로 키치를 취하게 하였던 것이다.

그렇다면 키치는 천박한 싸구려 산물이기만 한 것일까? 밀란 쿤데라Milan Kundera는 다른 차원에서 키치를 바라보았다. 그가 주목했던 것은 키치에 내재한 심리, 키치를 키치로 만드는 심리였다. 『참을 수 없는 존재의 가벼움』이라는 책에서 그는 다음과 같이 말하였다.

키치는 나란히 흘러내리는 두 줄기 감동의 눈물을 나오게끔 한다. 첫 번째 줄기의 눈물이 말한다. 하지만 잔디밭 위를 달리는 아이들이 얼마나 아름다운가! 하고. 두 번째 줄기의 눈물이 말한다. 하지만 온 인류와 함께 모두 다 같이 잔디밭 위를 달리는 아이들을 보고 감동된다는 것은 얼마나 아름다운가! 하고. 두 번째 이 눈물이 비로소 키치를 키치로 만든다.[07]

키치에 대한 밀란 쿤데라의 설명은 다소 혼란스럽게 들린다. 그럼

○ 라이터 + 면도기

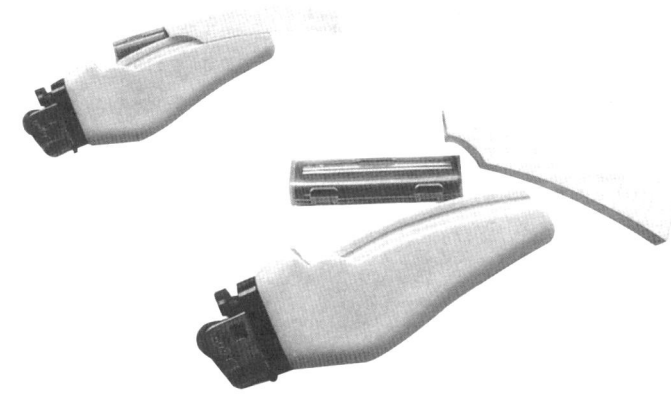

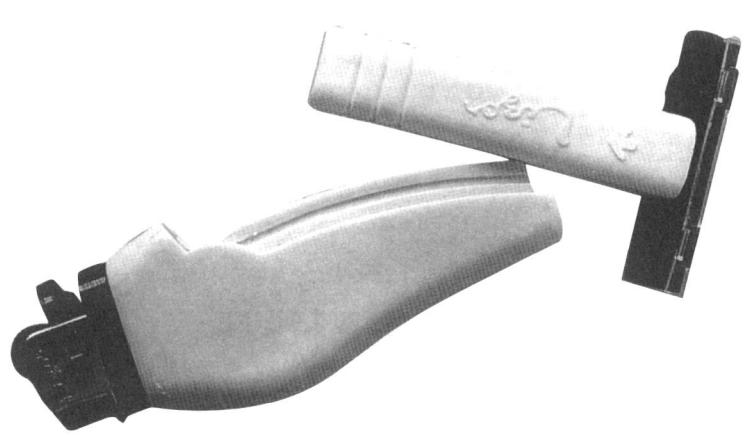

에도 그의 견해는 단순히 참된 문화의 물을 흐리는 산물로 키치를 이해하는 것이 아니라, 삶에 자리하는 심리, 혹은 일종의 행위로 키치를 바라보고 있다는 점에서 새롭다. 쿤데라의 이야기에서 키치를 키치로 만드는 것은 두 번째 눈물이다. 그 눈물은 감동을 전유하는 감동이다. 이 두 번째 감동은 어떤 아름다운 대상이 만들어내는 첫 번째 감동과 다르다. 그것은 아름다운 대상이 불러일으키는 감동을 흉내 내는 움직임에 가깝다. 이는 키치가 어떤 것의 본질이 아닌, 효과에 대한 관심으로부터 유래하는 것임을 드러내는 것이다. 이러한 맥락에서 쿤데라는 정치가들의 움직임에 주목한다.

정치가들보다 이것을 더 잘 아는 사람은 아무도 없다. 사진기가 가까이 있으면 그들은 즉시 우선 눈에 띄는 아이에게 달려가 그 아이를 팔에 안아서 뺨에 키스한다. 키치는 모든 정치가, 모든 정당, 모든 정치 운동의 미학적 이상이다.[08]

    어린아이를 안고 뺨에 입을 맞추는 정치인들의 모습은 우리에게도 낯설지가 않다. 사실 우리는 그 이상의 풍경들을 보아왔다. 떡볶이를 파는 시장 할머니를 부둥켜안거나, 뻥튀기를 파는 아저씨의 손을 부여잡는 풍경들이 바로 그것이다. 정치인들은 왜 이러한 행동을 할까? 정치인들이 이러한 행위를 하는 것은 자신들이 가지고 있는 무엇인가를 감추고, 자신들이 가지고 있지 않은 무엇인가를 마치 가지고 있는 것처럼 드러낼 수 있기 때문이다.

정치인들의 관심은 언제나 내용이 아닌 효과에 있다. 아이를 팔에 안고서 뺨에 키스하는 정치인의 행위는 자신의 아이를 팔에 안아서 뺨에 키스하는 아버지의 행위와 다르다. 그러한 행위를 통해 아버지는 자신의 아이에게 사랑, 자상함, 가족애, 믿음 등을 표현하는 것이지만, 정치인은 그 장면을 보고 있는 유권자들에게 자신이 사랑, 자상함, 가족애, 믿음 등을 가까이하는 인물임을 표현하고자 하는 것이다. 정치인에게 자신이 입을 맞추고 있는 아이는 관심의 대상이 아니다. 그 불쌍한 아이는 도구일 뿐이다. 아버지의 관심은 그 아이지만, 정치인의 관심은 그 행위와 연결된 정서들에 있다. 이것이 키치를 키치로 만드는 두 번째 눈물의 정체다. 두 번째 눈물에 집착한다는 점에서 정치는 키치와 지나치게 가깝다.

기호학자인 움베르토 에코는 "키치는 오히려 미학적 체험이라는 외투를 걸친 채 예술이라도 되는 양 야바위 치면서 전혀 이질적인 체험을 슬쩍 끼워 넣음으로써 감각을 자극하려는 목표를 정당화하려는 작품을 가리킨다"[09]라고 지적한 바 있다. 그는 여기서 예술의 효과를 모방하는 산물을 말하고 있지만, 그러한 산물의 제작과 소비 과정에 관계하는 심리가 무엇인지를 동시에 드러내고 있다. 그 심리는 효과를 모방하려는 태도와 관계가 있다. 키치를 인간 심리와 관계시키는 움직임은 아브라함 몰르에게서도 찾을 수 있다.

키치는 의미의 윤곽이 명확하게 나타나는 '외연적인' 현상이라기보다는 한층 본능적인 심층에까지 도달하는 '내포적인' 현상이다. 키치란 먼저 인간이 사물과 맺는 관계의 한 유형이다. 하나의 구체적인 사물에 대한 관계 내지는 하나의 양식을 키치로 이해하기보다는, 인간 존재 방식의 한 유형을 키치로 이해하는 것이 키치에 대한 더 올바른 이해라고 할 수 있다.[10]

구체적 산물로만이 아니라, 일상 주체들이 사물과 맺는 관계방식으로 키치를 파악하고 있다는 점에서 몰르는 키치 이해의 또 다른 가능성을 보여주고 있다. 인간이 사물과 관계하는 방식으로 키치를 이해하고 있는 그의 시각은 사물에 대한 인간의 이해방식, 혹은 태도에 주목하게 한다. 인간은 잠시도 사물과 관계하지 않고서는 존재할 수 없다. 사물에 대한 지금까지의 주된 이해방식은 '기능을 예언하는 물적 구성물'이라는 것이었다. 이러한 이해 속에서는 인간과 사물의 관계 역시 기능을 드러내고, 그것을 확인하는 과정 정도에 머문다. 그러나 키치는 이러한 일반적인 답에 만족하지 않는다.

몰르는 계속해서 "키치란 일종의 특수한 사회적 기능"이고, "그 사회적 기능이 사물 그 자체의 사용 기능에 부과된 것"[11]이라고 말한다. 이러한 지적은 사물이 사용 기능(실제적 기능)뿐 아니라 사회적 기능 또한 갖고 있고, 그것이 사물과의 관계에서 중요하다는 인식을

○ **서울에 위치하고 있는 춘천 닭갈비집 앞에 놓인 제주도의 돌하르방** 이질적인 내용이 공존하는 키치의 중층성을 드러내고 있다.

전제로 하는 것이다. 이러한 맥락에서 그는 사물의 본래 기능이라고 할 수 있는 부분에 사회적 기능이 첨가되는 바로 그 지점에서 키치를 발견하고 있다.

키치가 사회적 기능과 관계한다는 점은 키치를 이해하는데 매우 중요한 부분이다. 왜냐하면 이는 키치가 자신의 형식적 속성에 의해서만 출현하는 것이 아님을 드러내는 것이기 때문이다. 즉, 키치라고 할 수 없는 산물들 역시 키치적으로 자리할 수 있는 것이다.

우나미 아키라 역시 키치의 사회적 성격에 대해 이야기한 바 있다. 그는 삶의 주체가 자신의 존재 가치를 확인하는 하나의 수단으로 키치, 혹은 키치적 방식들을 취하는 현상에 주목한다. 키치를 통해 사회 내에서 존재 가치를 확인한다는 것은 그 자체가 이미 사회적인 현상이다. 디자인을 시대정신으로 파악하고 있는 아키라는 예술에 국한되어 왔던 키치 논의를 상품 및 사회현상으로 끌어올린다. 그는 일본의 문화 평론가인 이시코 준조石子順造(1929~1977)가 키치를 상품의 존재 방식, 혹은 사회현상으로 보지 않고, 예술의 장에 국한해서 본 점을 비판하면서 그 범위를 넓히고 있다. 우나미 아키라는 '여러 가지의 가치하락 시대는 곧 키치의 시대'라는 헤르만 브로흐Hermann Broch의 명제를 기반으로 다음과 같이 말하였다.

가치가 하락하게 되면 어떤 한 가지만으로는 존재 가치가 유지 될 수 없게 되고, 여러 요소들을 겹쳐 맞춤으로써 겨우 무언가가 성립하는 것이 아닐까? 본질 그 자체의 가치가 희박해가고 있으므로 여분의 것, 장식적인 것을 부가함으로써 겨우 무언가가 성립한다. 중층화, 잡탕찌개 같은 것으로서의 키치가 가치하락의 시대에 출현한다고 하는 것은 이러한 의미에서이며, 이러한 중층적인 구조가 키치의 본질적인 특성이라고 볼 수 있다. 이미 있는 것, 다른 데서 갖고 온 것, 확대한 것, 여분의 것 등을 끌어 모은 일종의 패치워크patchwork와 같은 것이 키치가 아닐까? 만약 그렇다면 키치는 극히 현대적 현상이라고 말할 수 있을 것이다.[12]

우나미 아키라는 키치의 사회적 성격뿐만 아니라, 키치가 어떤 형태로 존재하는지를 구체적으로 지적하고 있다. 그에 따르면, 키치는 여러 요소가 결합한 형태로 존재한다. 키치적 산물이 제공하는 유치함은 이러한 중층적 결합의 결과일 것이다. 중층성은 키치 형식상의 특성일 뿐만 아니라, 내용상의 특징이기도 하다. 실제로 앞에서 아브라함 몰르가 사물 그 자체의 사용 기능에 사회적 기능이 부과되어 키치가 존재한다고 한 것은 이러한 중층성을 지적한 것이다.

중층성은 적어도 두 개 이상의 내용이 만남으로써 획득되는데, 그 만남은 필연적으로 탈맥락화의 움직임을 수반한다. 탈맥락화란 하나의 대상이 본래 자리하던 맥락에서 벗어나 새로운 맥락에 놓임으로써, 애초에 그것과 결합한 의미에서 이탈하는 움직임이다. 탈맥락화가 자신의 존재를 위한 필연적인 조건임에도, 키치는 본래 자신과 연결되었던 의미들을 놓으려 하지 않는다. 키치는 고집스럽게 다다익

◦ 콘크리트 넝쿨

선多多益善을 추구한다. 이질적인 것들의 만남은 단순히 물리적 결합의 형태로만 존재하는 것이 아니다. 이질적인 것들의 결합은 화학적인 반응을 일으키는데, 그 과정에서 키치의 독특한 분위기가 연출되는 것이다.

지금까지의 내용을 정리해 보면, 그린버그와 하우저가 매우 부정적인 입장에서 키치를 이해하였다는 것을 알 수 있다. 그들은 키치라는 용어를 그들이 바람직하다고 믿는 문화적 내용에 포함될 수 없는 것들을 부정하는 방식으로 사용하였다. 이와는 달리 아브라함 몰르와 우나미 아키라는 키치를 단순히 부정적이고 저속한 것으로 보는 시각에서 벗어나, '부정적인 것으로 간주되는 키치란 도대체 무엇인가'라는 메타 물음$_{\text{meta-question}}$을 던지고 있다. 더욱이 이들은 사회적 삶과의 관계에서 키치를 이해함으로써, 키치와 관계된 인간 심리의 심층적인 부분으로까지 그 관심을 확대하고 있다. 이는 '좋다', '나쁘다'라는 가치 판단을 유보하고, 그 내용에 대한 이해를 심화시키고자 하는 노력이라고 할 수 있다.

키치는 진품의 가치나 효과를 모방하는 태도와 그러한 산물이다. 어떤 것의 가치나 효과를 모방하는 것은 인간 존재 방식의 한 유형으로, 사회적 기능이 사물, 혹은 소비 과정에 부과된 결과다. 이 때문에 키치는 예술에 국한된 현상이라기보다 인공물과 관계하는 하나의 방식이고, 사회적 현상이라고 할 수 있다.

키치는 여러 가지 요소들이 결합한 중층적 구조를 형성하는데, 이

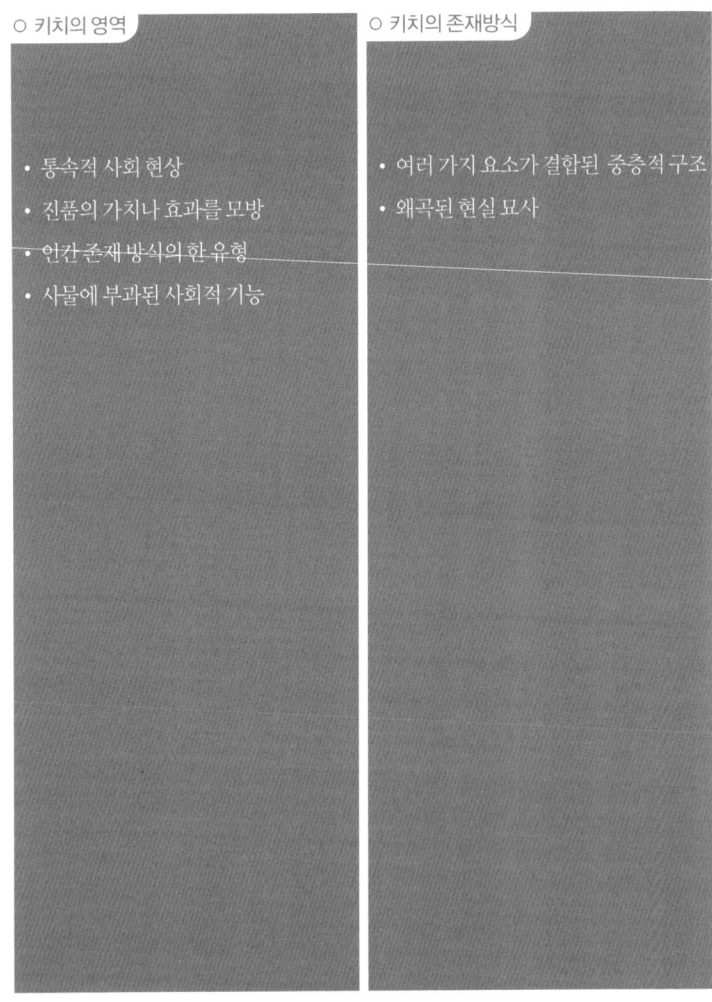

키치의 내용과 그 존재방식

는 산물로서의 키치에서뿐만 아니라 키치적 태도에서도 발견할 수 있는 특징이다. 결합되는 내용은 서로 관계를 가질 수도 있지만, 서로 이질적일 수도 있다. 이러한 중층성으로 인해 키치는 이것이기도 하면서 저것이기도 한 복합적 성격을 갖게 되는 것이다. 이 과정에서 키치는 실제의 모습을 가리거나 왜곡함으로써 자신의 존재를 확인받으려 한다. 현실의 모습을 과장하거나 장식, 혹은 변형을 통해 삶을 살아가는 다양한 주체들의 정서를 자극하는 것이다.

2
키치는 어떤 모습으로 존재하는가?

최근까지의 논의들은 키치를 통속적 결과물로만 간주해 왔다. 그러나 밀란 쿤데라와 아브라함 몰르와 같은 이들의 논의를 통해 우리는 키치가 단순히 구체적인 산물로만 존재하는 것이 아니라, 행위의 모습으로도 존재한다는 것을 알 수 있었다. 다시 말해 키치는 명사적으로만 존재하는 것이 아니라, 동사적으로도 존재하는 것이다. 이는 산물로서의 키치만을 다루는 담론에서 벗어나, 사물의 소비에 반영되어 나타나는 주체의 심리와 태도, 행위까지를 포함하는 개념으로 키치 이해를 확장시켜야 한다는 것을 의미한다. 이와 관련하여 질로 도르플레스Gillo Dorfles는 다음과 같이 말하였다.

한때는 키치가 일정한 종류의 예술작품들에 주로 적용되었던 반면, 최근 몇 년 이래로, 특히 헤르만 브로흐와 루드비히 기츠Ludwig Giesz가 그 주제에 관해 탁월한 에세이들을 쓴 이래로 '나쁜 취미를 가진 사람'이라는 뜻의 키치인간이라는 개념으로 확장되어, 나쁜 취미를 가진 사람이 (좋은 것이든 나쁜 것이든) 어떤 예술작품을 감상하고 즐기고 그것에 대해 행위 하는 방식까지를 지시하게 되었다.[13]

 질로 도르플레스는 키치가 단순히 통속적인 예술작품이나 유치한 형식으로 존재하는 사물만이 아니라, 어떤 대상과 관계하는 특수한 방식, 거기에 자리하는 심리, 그리고 태도로서도 구체화될 수 있음을 지적하고 있다. 그는 산물로 제한되었던 키치 담론에 '키치인간'이라는 경험 주체를 끌어들임으로써, 심리적이고 사회적인 현상으로 키치 이해의 폭을 확대하고 있는 것이다. 따라서 키치를 이해하기 위해서는 사물이나 이미지와 같은 '산물로서 키치'와 함께, 삶의 주체들이 사물들과 관계하는 방식 속에 나타나는 '태도로서의 키치'를 균형 있게 다루어야 한다.

태도로서의 키치

"프랑스 사람에게 있어서 키치가 발리섬 주민에게는 예술작품이 될 수 있다"[14]라는 아브라함 몰르의 통찰은 대상 자체의 형식적 구성요소들에 의해서만 아니라, 대상과 관계하는 주체의 태도와 관계방식에 의해서도 키치가 만들어질 수 있음을 보여준다. 즉, 동일한 대상이라 하더라도 어떠한 맥락 속에 자리하는가에 따라, 그리고 어떤 태도로 그것과 관계하는가에 따라 키치가 될 수도 있고, 그렇지 않을 수도 있는 것이다. 루마니아 태생의 칼리니스쿠Matei Calinescu 역시 같은 내용을 말하였다.

키치는 복제 과정의 즉각적이며 자동적인 결과가 아니다. 어떤 물건이 키치인가 아닌가를 결정하는 문제는 항상 목적과 맥락에 대한 고려를 포함한다.[15]

그는 대상의 형식이 아니라, 그것이 사용되는 목적과 맥락을 주목하라고 말한다. 왜냐하면 키치인가 아닌가는 사물과 맺는 관계 방식에 따라 판단될 수 있기 때문이다. 대상에 대한 하나의 관계방식으로 키치를 바라보는 이러한 입장은 아브라함 몰르의 주장에서 두드러진다. 그는 인간과 사물의 관계방식을 7가지 유형으로 구분하여 제시한 바 있는데, 그 중 하나가 바로 키치적 유형이다.[16]

그렇다면 키치적 관계 방식이란 무엇을 말하는 것일까? 아브라함 몰르는 인간과 사물의 여러 관계 방식들이 하나의 독특한 형태로 결합되어 있는 것[17]을 키치적 관계 방식으로 이해하였다. 즉 금욕적 유형, 쾌락주의적 유형, 공격적 유형, 소유욕의 유형, 초현실주의적 유형, 기능주의적 유형 중 2개 이상이 서로 결합되어 존재하는 것이 바로 키치적 관계 방식이다. 이러한 키치적 관계 방식은 사물을 순수한 모습이 아닌 중층적인 모습으로 존재하도록 한다. 본래의 기능과 더불어 진품의 가치를 모방하거나, 사회적 가치를 소비하는 태도로서 키치는 사물과의 순수한 관계 방식을 거부한다. 사물과의 이러한 관계방식은 일상에서 특별한 것이 아니다. 일상의 다양한 대상들과 관계하면서 우리는 매일매일 대상의 실제적 존재 가치에 덧붙여진 다른 중층적 가치들을 동시에 소비하기 때문이다.

헤르만 브로흐는 대상의 본래 가치 이외에 덧붙여진 다른 가치들을 소비하는 존재를 '키치인간'이라고 불렀다. 키치인간은 "키치가 아닌 작품들, 또는 상황들조차 키치로 경험하려 하는 사람"[18]을 일컫는 말이다. "백만장자의 가정용 엘리베이터 안에 걸린 진짜 렘브란트 그림은 틀림없는 키치다"[19]라는 칼리니스쿠의 말은 비록 고급문화의 산물이라고 하더라도 키치인간에 의해 얼마든지 키치가 될 수 있음을 말하는 것이다.

렘브란트 그림은 그 자체로는 키치가 아니다. 하지만 진짜 렘브란트 그림도 백만장자의 엘리베이터 안에 걸리면서 키치적 분위기를 만들어낸다. 이 분위기는 자신의 부와 고급 취미를 과시하려는 의도로 그 그림을 엘리베이터 안에 걸어 놓은 백만장자의 행위로 만들어지는 것이다. 여기서 렘브란트의 그림은 미적 경험의 대상이 아니라, 백만장자의 부유함과 취미의 고상함을 드러내기 위한 일종의 기호로 자리하게 된다. 렘브란트 그림을 통해 사회 내에서 자신의 위치를 확인받고자 한 백만장자는 키치인간이다. 그의 키치적 태도가 렘브란트 그림을 키치로 만들었다는 점을 고려할 때, 태도로서의 키치는 키치인간의 사회적 욕망으로부터 출현한다는 사실을 알 수 있다.

 키치적 소비는 결핍의 정서를 채워줌으로써 키치인간의 사회적 욕망을 위로한다. 사람들은 이러한 소비행위를 저속하다고 비난한다. 키치란 "나쁜 취미를 가진 사람이 (좋은 것이든 나쁜 것이든) 어떤 예술작품을 감상하고 즐기고 그것에 대해 행위 하는 방식"을 의미한다는 질로 도르플레스의 주장에서, '나쁜 취미'가 자신의 재산이나 취향의 고상함을 과시하기 위하여 엘리베이터 안에 진짜 렘브란트 그림을 걸어두는 백만장자의 행위와 같은 소비행위를 가리키는 것임은 말할 필요도 없다.

 그런데 이러한 소비행위는 나쁜 것인가? 과연 그렇게 비난받을만한 것일까? 이러한 행위를 무조건 나쁜 취미로 간주해버리는 것에 대해서는 반성의 여지가 있다. 솔로몬[Robert C. Solomon] 역시 "키치에 의해 자극된 정서들이 세련되지 못하고, 어린애와 같은 경향이 있다는 것은 사실이다. 그러나 키치가 이런 애정 어린 정서들 중 많은 것을 자극한다는 것이 비난받을만한가?"[20]라고 의문을 제기한다.

사실 곰곰이 생각해보면, 우리 모두 일상에서 키치인간으로 존재하고 있다는 사실을 인정하지 않을 수 없다. 인간은 모순에 찬 존재이고, 나약한 존재다. 사물에 기대어 이러한 모순에서 벗어나려고 하면, 그리고 나약함을 감추려고 하면, 그 순간 인간은 키치인간이 되어버린다. 키치로부터 자유로울 수 있다는 상상, 그것은 말 그대로 상상일 뿐이다.

산물로서의 키치

제니 샤프Jenny Sharp는 키치를 "이 나라 대다수의 사람이 가지고 살기 원하는 값싸고, 천박하고, 감상적이고, 허접 쓰레기 같고, 예쁘고, 귀여운 모든 것"[21]이라고 정의하였다. 여기서 키치는 사물이나 이미지와 같은 구체적인 산물을 의미한다. 클레멘트 그린버그가 『아방가르드와 키치』에서 논했던 그 '키치' 또한 산물이었다.

어떤 사물이나 이미지가 키치라는 것은 그 대상을 형성하고 있는 구성 요소가 그것을 키치로 만든다는 것을 뜻한다. 즉, 산물로서 키치는 나름대로 형식과 내용에 의해서 키치가 되는 것이다. 아브라함 몰르는 엔겔하르트Engelhardt와 킬리Killy의 도움을 받아, 산물로서의 키치를 키치로 만드는 원리에 대하여 다음과 같이 정리하였다.

첫째, 부적합성의 원리 : 본래의 목적뿐만 아니라 동시에 다른 목적으로 사용되는 과정에서 형태, 크기, 형식적 내용 등이 부적절하게 결합되는 것
둘째, 축적의 원리 : 형식, 내용, 기능 등의 밀집을 통해 스스로를 눈에 띄게 하는 것
셋째, 공감각의 원리 : 다양한 감각 영역을 동시에 자극하는 것
넷째, 중용의 원리 : 모든 영역에서 발견되는 이질적인 것들을 혼합하여 집단적 표준화라는 중간적 위치로 위치시키는 것

○ 배 형태의 건물

다섯째, 쾌적함의 원리: '편안하게 살자' 라는 사고방식으로 사물의 성격을 놀이에 가깝게 마구잡이식으로 선택하는 것[22]

산물로서의 키치는 그 각각의 원리에 의해 키치가 되기도 하지만, 경우에 따라서는 몇 개의 구성 원리들이 결합된 형태로 나타나기도 한다. 가령 예를 들어 일상에서 어렵지 않게 접할 수 있는 여러 동물형태의 시계들은 아브라함 몰르가 말하는 부적합성의 원리와 축적의 원리가 결합된 모습을 보여준다. 그것들은 어떤 관련성을 가지고 결합되기 보다는 축적 그 자체가 만들어내는 효과를 위해 결합된다. 부적합한 내용을 스스로 밀집시킴으로써 시선을 유도하고 정서를 자극하는 것, 그것이 바로 산물로서의 키치가 만들어 내는 효과이자 지향점이다.

하나의 분류체계로 키치 산물들을 유형화하는 것은 어렵다. 이는 키치적 산물들이 복합적 성격이기 때문이기도 하지만, 산물로서의 키치를 바라보는 다양한 관점들이 존재하기 때문이다. 한스 에곤 홀투젠Hans Egon Holthusen은 키치적 대상이 제공하는 정서적 반응을 기준으로 '달콤한 키치'와 '시큼한 키치'로 키치를 구분하였다. 질로 도르플레스는 매체의 유형 및 장르에 따라 기념비, 크리스천 키치, 광고, 영화, 포르노 키치, 건축, 전통 키치, 관광 키치 등으로 구분하였다.[23] 아브라함 몰르는 한스 에곤 홀투젠의 분류를 참고하면서 소비 방식에 따라 키치 제품을 분류하였다. 그는 키치를 종교적-세속적, 관능

◦ 향로 형태의 재떨이 + 휴지통

적-가정적, 향토적-이국적, 미래지향-전통지향, 시큼함-달콤함으로 구분하였다.[24]

키치적 산물은 사용자의 특정 정서를 자극하거나, 심리적 욕망을 해소하기 위해 제작되고 소비된다. 이러한 키치적 산물은 자체의 형식이나 내용에 의해서 키치로 존재하는 것이기는 하지만, 태도로서의 키치와 무관한 것은 아니다. 왜냐하면 키치적 태도는 구체적인 대상을 통해 나타날 수밖에 없고, 따라서 그러한 태도가 대상인 산물의 형식에도 반영되어 나타나기 때문이다.

산물로서의 키치가 등장하기 위해서는 몇 가지 조건이 충족되어야 한다. 우선 차이의 체계가 존재해야 한다. 그것은 사회적 신분의 차이일 수도 있고, 취향의 차이일 수도 있으며, 부유함의 차이일 수도 있다. 차이는 차이에만 머무는 것이 아니라 항상 위와 아래라는 계급적 구분을 만들어 내는데, 삶의 공간에는 그 구분을 명확히 하려는 힘과 그것을 없애려는 힘이 공존한다. 물론 오늘날 그 계급적 구분은 가변적이고 유동적이다. 키치는 바로 이 공간에서 자라난다.

만일 계급적 구분이 고정적이라면, 다시 말해 그 차이가 극복될 수 없다면 키치는 살아갈 수 없다. 따라서 차이를 해소하려는 행위, 그리고 차이를 유지하려는 움직임을 동시에 허용하는 사회적 분위기

° **인사동 한 음식점 앞의 석등 메뉴판** 석등이 메뉴판과 중층적으로 결합된 모습은 키치 바로 그것이다. 더욱이 카레라이스, 김치볶음밥, 칵테일이라는 서로 다른 성격의 음식들이 석등 속에서 공존하고 있는 모습은 키치임을 다시 한번 확인시킨다.

가 키치를 가능하게 하는 두 번째 조건이 되는 것이다. 사회적으로 계급의 차이가 엄격히 고정되어 있거나, 특정 이데올로기가 강하게 지배하는 시공간時空間에는 키치가 번성하지 않는다. 거기에는 각 개인에게 적합한 행동양식과 소비대상이 명확히 규정되어 있기 때문이다.

세 번째로 키치을 생산할 수 있는 기술적 배경, 즉 물질적 토대가 마련되어야 한다. 산업혁명에 의한 대량생산 시스템은 모던디자인의 물질적인 토대가 되었지만, 그것은 동시에 키치가 범람하는 배경이 되기도 하였다. 이전 시대까지만 하더라도 예술작품처럼 가치 있는 대상들은 희소성과 제작의 어려움, 그에 따른 높은 가격 등으로 일반인들의 접근이 어려웠다. 하지만 기술과 산업의 발달로 상황은 달라졌다. 소비에 진입 장벽이 있었던 사물이나 그림들은 복제기술을 통해 대량으로 생산, 유통될 수 있었다. 이전에 경험해보지 못했던 새로운 사물들도 쏟아져 나왔다. 그 결과 온갖 종류의 사물들이 삶의 공간을 채워나갔다.

플라스틱은 키치를 번성할 수 있게 한 물질적 배경이 되었다. 피터 워드Peter Ward는 "키치와 플라스틱은 서로를 위해 만들어진 것 같다"[25]고 지적한 바 있다. 플라스틱은 모방의 천재다. 아무리 복잡한 형상일지라도 쉽게, 그리고 저렴하게 복제해내고야 말기 때문이다.

네 번째로 키치는 그것을 소비 가능하게 하는 경제적 토대가 필요하다. 칼리니스쿠는 경제발전과 키치의 관계성을 지적하면서, 키치가 존재하는 것을 근대화의 의심할 바 없는 징표로 보았다.[26] 역사적

◦ 줄기와 잎의 부조화

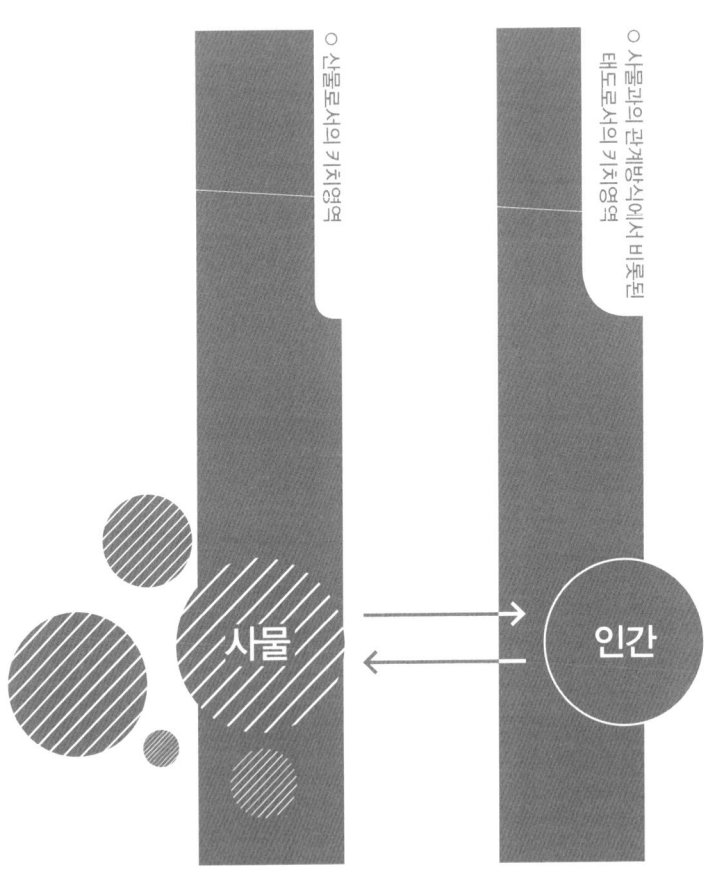

인공물 존재의 영역

으로 키치는 키치 소비의 잠재력이 있는 중간계급의 출현과 함께 번성하였다. 중간계급은 태생적으로 하층계급에 가깝지만, 그들이 획득한 경제력을 바탕으로 늘 계급상승을 꿈꿨다. 19세기 서구 유럽사회는 이러한 중간계급이 힘을 획득하던 시대임과 동시에 키치의 부흥기였다. 중간계급은 상층계급의 계급 정체성을 확인하는 사물들과 이미지들을 적극 소비함으로써 키치 부흥을 이끌었다.

키치는 산물로 발현되는 모습을 통해서 뿐만 아니라, 삶에 자리하는 주체들의 다양한 심리와 태도들을 종합적으로 고찰할 때 더욱 잘 이해될 수 있는 주제 영역이다. 그 때문에 키치를 이해하는 데는 키치 자체의 내용뿐만 아니라, 그러한 현상을 가능하게 하는 사회·문화적 맥락에 대한 이해가 매우 중요하다. 키치는 자신의 얼굴에 사회·문화적인 관계들을 드러낸다. 이것이 우리가 키치를 주목하여 궁극적으로 알고자 하는 내용이기도 하다. 키치 연구가 키치적 태도나 산물에 머물지 않고 사회·문화적 관계성이나 삶 속에서의 역할로 확장되어야 하는 이유가 바로 여기에 있다.

3

키치와 팝아트

키치적 산물의 이미지를 전략적으로 이용하려는 모습을 우리는 예술의 영역에서 찾아볼 수 있다. 팝아트Pop Art는 그 대표적인 예로서, 그것의 외형적인 이미지는 키치 그 자체다. 이러한 이유로 예술계가 팝아트에 대해 보인 최초의 반응은 혐오와 거부로 요약된다. 팝에 대한 거부 반응은 20세기 후반 새로운 예술의 중심지라 불리는 뉴욕에서 더욱 심했다.[27] 당시 뉴욕은 추상표현주의가 확고한 위치를 점하고 있었기 때문에 키치적 이미지에 대한 팝아트의 거부는 어쩌면 당연하였는지도 모른다.

키치와 팝아트는 외형적으로 유사하다. 하지만 본질에서 팝아트는 키치와 분명한 차이점을 갖고 있다. 무엇보다 키치와 팝아트를 만들어내고 소비하는 주체들의 시선과 욕망, 그리고 그것들이 작동하는 경로와 방향이 다르다. 키치를 키치이게 하는 주된 동인은 고급문화로부터 소외된 이들이 그것의 가치와 효과를 모방하는 심리적 태도에 있다. 반면, 팝아트는 추상표현주의라는 순수주의에 대한 비평적 노력의 일환으로, 대중문화가 취하는 방법적인 면과 이미지를 차용했던 예술적 움직임이다. 이렇듯 팝아트에는 당시 예술의 고답적인 태도에 대한 고급문화 자체의 반성적 의미가 강하다. 이 때문에 키치에서 발견할 수 있는 역동적인 욕망의 변증법적 작용은 팝아트에서 찾아보기 어렵다.

비평가인 에드워드 루시-스미드Edward Lucie-Smith는 팝아트의 성격에 대해 "대중적인 이미지를 '순수미술'의 문맥 안에서 사용하고자 하는 미술가들의 활동"[28]이라고 말하였다. 미술사가인 로즈메리 람버트Rosemary Lambert는 좀 더 구체적으로 "1940년대 학생이었던 화가들이 1960년대에 들어 추상표현주의에 반기를 들었는데, 이들은 영화기법, 텔레비전 광고, 신문과 잡지를 이용하여 일상 사물들의 이미지를 표출하는 방법을 고안하였고, 이것이 팝아트"[29]라고 주장하였다. 여기서 로즈메리 람버트가 말하는 '일상 사물들의 이미지', 그리고 에드워드 루시-스미드가 이야기한 '대중적인 이미지'는 일찍이 클레멘트 그린버그

◦ 만화

가 키치라고 비난했던 통속적인 대중문화의 산물들을 말한다.

팝아트는 외형적 차원에서 추상표현주의와 대척점에 자리하고 있던 대중적 산물과 이미지들을 전략적으로 끌어들임으로써 예술의 순수주의에 대한 비평을 가하였다. 즉, 그것은 그린버그적 의미의 키치를 고급문화의 문맥 안으로 역류시키려는 노력으로 이해할 수 있다. 예술적 가치는 고사하고 눈여겨볼 가치조차 없다고 여겨졌던 모든 것들(각종 광고, 신문, 잡지의 삽화, 타임즈의 웃음거리, 몰취미한 골동품, 저속하게 화려한 가구, 일상의 의복과 음식물, 영화스타, 핀업사진, 만화 등)이 이제 예술이라는 고상한 것의 소재로 사용되기 시작한 것이다.[30]

팝아트가 대중의 일상적인 삶에 산재하는 이미지나 산물들을 표현의 소재로 취했다고 해서, 그것을 예술이 대중 속으로 스며들었다거나, 혹은 예술이 대중의 삶과 가까워졌다고 해석해서는 안 된다. 왜냐하면 팝아트의 일차적 관심은 대중의 삶이나 문화가 아니라, 대중문화로부터 차용한 사물과 이미지를 통해 예술을 비평하는 데 있었기 때문이다. 팝아트에 의해 차용된 대중문화의 이미지들은 고급예술의 체계 속으로 빨려 들어갔다. 하지만 이러한 움직임에도 여전히 대중문화는 천박하고 저속한 것으로 남아 있어야 했다. 이것이야말로 팝아트가 예술의 체계를 벗어나고 있지 않다는 사실을, 그리고 예술계에서 자신의 위상을 높이기 위해 대중문화를 도구적 차원에서 이용했다는 사실을 증명하는 것이다.

팝아트의 이러한 움직임은 예술이라는 것이 열린 체계이기 때문에 가능하다. 하나의 예술작품에는 그것을 예술이게 만드는 고유한 내용이 존재하지 않는다. 예술작품을 예술작품으로 만드는 것은 예술계의 호명이다. 일찍이 조지 디키George Dickie는 '예술계'라는 개념을 통해 예술의 문제를 설명하고자 하였다. 그는 "예술계가 예술로 인정하는 것이 예술"이라는 주장을 폈는데, 이는 하나의 대상이 예술이기 위해서는 예술계의 승인이 필요하다는 이야기이다. 예술로 호명된 작품들은 예술계를 지탱하는 토대가 된다. 이 때문에 "예술계는 예술을 낳고, 예술은 예술계를 낳고, 예술계는 다시 예술을 낳고…"[31]가 반복될 수 있는 것이다.

그러나 이 구조는 단순한 순환이 아니다. 오늘의 예술계는 어제의 예술계가 아니며, 오늘의 예술 또한 어제의 예술이 아니다. 이곳에서의 예술이 저곳에서도 예술이어야 한다는 법은 없으며, 저곳에서의 예술이 이곳에서도 예술이어야 한다는 법도 없다. 영원한 예술작품도, 영원한 키치도 존재하지 않는 것이다. 이것은 예술 체계가 갖는 상대적 특성에 기인하는 것인데, 이에 대하여 넬슨 굿맨Nelson Goodman은 다음과 같이 말한 바 있다.

우리가 처한 어려움은 잘못된 물음에 답하려 한다는 데서 찾을 수 있다. 우리는 어떤

∘ **Sweet Dreams, Baby!** 팝아트는 대중문화의 산물로 이해되고 있는 만화의 스타일을 통해 고급문화의 진지함을 비판하고 있다. 본 도판은 로이 리히텐슈타인의 오리지널을 베끼듯이 차용한 일러스트레이터 David Cochard의 작품.

것이 특정한 상황에서는 예술작품이 되지만, 또 다른 상황에서는 그렇지 않다는 것을 인정하지 않는다. '예술작품이란 무엇인가?'라는 물음보다는 '하나의 작품이 언제 예술작품이 되는가?', 다시 말해 '언제 예술인가?'라는 물음이 적절한 것이다. ……길가의 돌멩이는 예술작품이 아니지만 미술관에 전시될 때는 예술작품이 된다.32

굿맨은 예술은 상대적으로 정의되는 것이며, 그래서 하나의 작품이 예술인지 아닌지는 대상 자체의 속성에 의해 판단되는 것이 아니라는 사실을 지적하고 있다. 길가의 돌멩이가 미술관에 전시되었다고 해서 황금으로 변하는 것은 아니다. 그것은 길가에 놓여있든 미술관에 전시되든 돌멩이일 뿐이다. 그럼에도 그 중 하나가 예술일 수 있는 것은 예술계가 그것을 예술로 승인했기 때문이다. 마르셀 뒤샹 Marcel Duchamp이 한스 리히터Hans Richter에게 보낸 편지는 예술을 예술로 만드는 예술계의 존재를 보여준다.

내가 레디-메이드ready-mades를 발견했을 당시 그 의도는 심미주의를 끌어내리려는 것이었습니다. 그런데 네오-다다는 나의 레디-메이드를 이용해서 그 속에서 심미적 가치를 발견했습니다. 나는 하나의 도전으로서 병 건조대와 소변기를 그들의 면전에 던졌건만, 이제 그들은 레디-메이드를 심미적 가치 때문에 찬미하고 있는 것입니다.33

여기서 뒤샹은 예술이란 것이 제도적 산물임을 말하고 있다. 뒤샹이 소변기를 고급예술의 면전에 던진 것은 고상한 체하는 예술의 심미

◦ 마르셀 뒤샹의 「샘」 알프레드 스티글리츠 사진, 1917

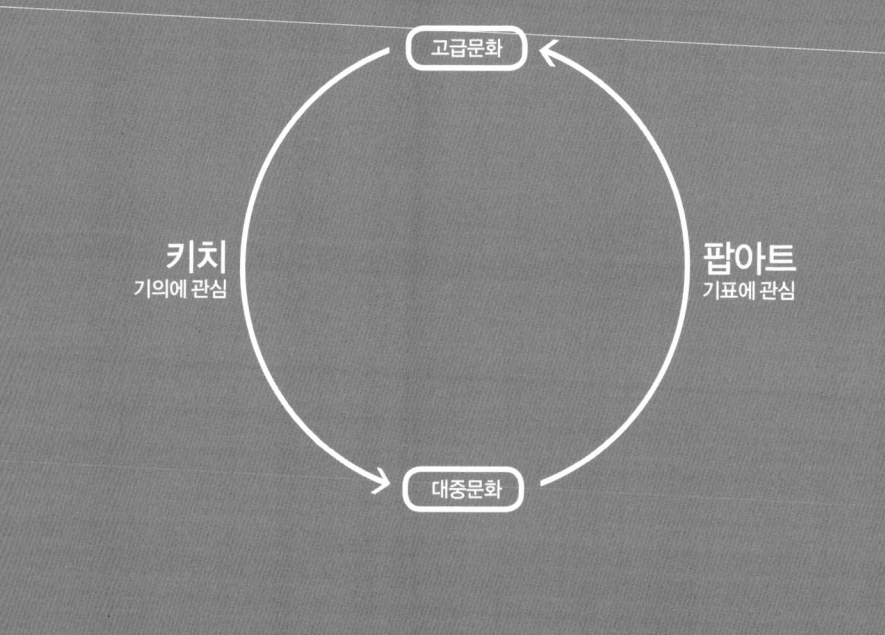

키치와 팝아트의 흐름

주의를 비평하는 냉소주의적 비평행위였다. 그러나 예술계는 그 소변기마저도 미적 경험의 대상, 즉 예술작품으로 만들어 버렸다. 예술계의 승인으로 그 소변기는 여타의 다른 예술품들처럼 하나의 예술작품으로서의 가치를 가지게 된 것이다.

팝아트는 뒤샹의 레디-메이드가 하나의 예술작품으로 승인받았던 예술화 메커니즘을 그대로 반복하고 있다. 롤랑 바르트는 1980년 베네치아에서 열린 『팝아트: 한 세대의 발전Pop Art: evoluzione di una generazione』이라는 전시회 카탈로그에서 팝아트 내부에 모순된 힘의 긴장이 자리하고 있음을 지적했다. 팝아트에 자리하는 모순은 예술임을 말하는 목소리와 예술이 아님을 말하는 목소리가 같이 존재한다는 것이다.[34] 그러나 팝 아트는 예술이 아님을 말하는 목소리를 이용하여 예술임을 강하게 주장한다. 즉, 팝아트는 예술을 비판하고 파괴하고자 하였지만, 바로 그러한 의도 때문에 다시 예술이라는 영역 속으로 편입되었던 것이다. 바르트는 계속하여 "팝은 예술이다. 왜냐하면 연출하고 있기 때문[35]"이라고 지적하면서, 특정 '의도'를 통해 팝아트가 예술의 영역 속으로 편입해 들어가는 움직임을 명확히 지적하였다. 예술계는 그 '의도' 자체를 예술의 메커니즘을 통해 자체의 논리로 재해석해버린다. 이 과정에서 의도의 전복성은 사라지고, 예술의 한 스타일로 존재하게 된다. 이것이 예술사 속의 수많은 저항의 몸짓들이 전복적 성격을 상실하고 스타일로 유통되는 이유이다.

다다Dada가 예술이라는 토대에서 전개되었다는 태생적 한계 때문

런던국립미술관 소장 루벤스 그림
'삼손과 델릴라'는 가짜
벨기에서 결정적 증거발견… 1년여 논쟁 종지부

96년을 마감하는 영국 미술계에 우울한 소식이 날아들었다. 런던국립미술관이 소장하고 있는 루벤스의 그림 '삼손과 델릴라'가 가짜임이 판명됐다고. 더구나 현재 런던국립미술관에서 열리고 있는 루벤스전은 연말연시를 맞아 성황을 이루고 있어 관계자들을 더욱 당혹스럽게 하고 있다.

올해초부터 일기 시작한 루벤스 위작설은 국립미술관측과 미술감정가들 간에 격렬한 공방전을 불러일으키며 미술계를 둘로 갈라놓았다. 그러나 최근 루벤스의 조국인 벨기에의 안트베르펜에서 위작을 증명할 결정적 단서가 발견됨으로써 1년을 끌어온 논쟁은 대단원의 막을 내리게 됐다.

벨기에 수도 브뤼셀의 국립문서보존소에서 일하는 미술복원전문가 얀 칼루워츠는

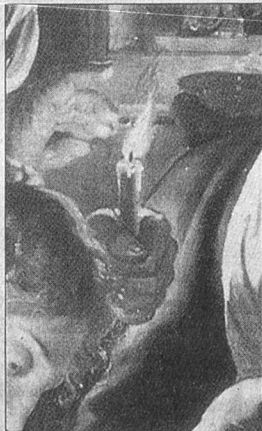

모조작으로 드러난 루벤스의 '삼손과 델릴라' 중 일부. 가는 선과 약한 필치는 루벤스의 특징인 강하고 힘찬 동작과 극명한 대조를 이룬다는 것이 미술전문가들의 견해다.

○ **런던국립미술관 소장 루벤스 그림 '삼손과 데릴라'는 가짜**「중앙일보」, 1996년 12월 26일자
가짜라는 판정이 나기 전, 이 그림 앞에서 '이것이야말로 정말 예술이다!', 혹은 '역시 루벤스의 그림은 대단해'라는 찬사와 함께 감동을 받았던 많은 사람들이 이 사실을 인지하고 난 후에도 동일한 감동을 받을 수 있을까? 만일 아니라면 이전에 그들을 감동시킨 것은 도대체 무엇일까? 그림 자체는 변한 것이 없는데……. 우리가 예술이라고 칭하는 것이 작품 자체의 본질적인 그 무엇에 의해 설명되는 것이라면, 이 그림이 진품인지 아닌지는 크게 중요하지 않을 것이다. 그러나 현실이 그렇지 못하다는 것은 작품 자체가 아닌 예술을 만드는 외부적 힘이 존재하고 있음을 시사한다.

에 그 전복성과 비평정신은 퇴색되어버리고 이미지로만 유통되는 것과 같이, 팝아트 역시 하나의 스타일로 예술사의 한구석을 차지하고 있다. 이제 팝아트는 예술을 만들어내는 여러 기법들 중 하나로 이해되면서 예술 제도에 편입되었다. "우리가 팝아트를 접했을 때, 그 속에서 다다적인 기법과 속임수를 읽을 수 있다[36]"라고 한 에드워드 루시-스미드의 지적은 기존의 예술을 비평하려는 팝아트의 성격을 지적하고 있는 것이지만, 중요한 것은 아무리 팝아트가 반 예술적인 움직임을 보여주어도 여전히 예술이라는 사실이다. 팝아트는 키치적 소재를 차용한 예술로서, 그 이면에 존재하는 욕망의 내용은 키치와 다르다. 욕망의 흐름 역시 키치를 만들어내는 방향과 반대로 흐르고 있다. 키치가 고급문화의 내용과 효과를 모방하는 위에서 아래로의 흐름이라면, 팝아트는 통속적인 대중문화의 스타일을 소재로 추상표현주의를 비평하는 아래에서 위로의 흐름인 것이다.

    키치의 관심은 내용에 있지만 팝아트의 관심은 형식에 있다. 팝 아트는 대중문화의 이미지를 차용하여 기존 예술의 엄격함에 비평적 거리를 두고자 하였다. 이것은 엄밀하게 말해 위에 자리하는 주체가 아래의 것을 끌어 올려 위를 비평하는 시도인 것이다. 반면 키치는 어떤 장애 때문에 위에 도달하지 못한 결여를 그 가치의 모방을 통해 위안을 얻고자 하는 노력이다. 따라서 키치는 아래에 자리하는 주체에 의해 발생하는 것으로, 위의 것을 끌어내리려는 움직임으로 나타난다.

    팝아트에는 키치의 절실함보다는 캠프$_{camp}$적인 여유가 존재한다.

캠프는 키치와는 구별되는 것으로 어떤 것의 내용보다는 스타일을 즐기려는 태도를 말한다. 마크 부스Mark Booth는 다음과 같은 말로써 키치와 캠프를 구분하였다.

'가장 나쁜 예술은 항상 최고의 의도를 가진다'라는 오스카 와일드Oscar Wilde의 말은 키치와 캠프 사이를 구별하는 핵심적인 단서를 제공하고 있다. 키치와 달리 캠프는 존경할 의도를 가지고 있지 않다.……키치는 캠프가 좋아하는 취미이자 환상 중의 하나이다.[37]

오스카 와일드가 여기서 지적한 '나쁜 예술'은 키치를 칭하는 것으로 이해할 수 있다. 왜냐하면 그것의 존재는 최고, 즉 고급예술에 대한 존경을 담고 있는 것이기 때문이다. 그러나 캠프에는 키치가 가지는 사회적 환상이라든지, 즐기는 대상에 대한 존경이 존재하지 않는다. 단지 대상의 스타일만을 즐길 뿐이다.

마크 부스는 이어서 "캠프는 나쁜 취미를 가지고 장난치지만 키치는 그것을 포함한다"[38]라고 주장한다. 캠프에서는 키치가 가지는 고급문화의 사회적 가치에 대한 절실함, 혹은 가치의 모방이라는 내재적 심리를 읽을 수 없다. 수잔 손탁Suzan Sontag 역시 캠프를 "내용에 대한 스타일의 승리, 윤리학에 대한 미학의 승리, 비극에 대한 아이러니의 승리"[39]라고 묘사함으로써, 캠프가 내용보다는 스타일에 관심을 두고 있음을

◦ **밥 로스, 그림을 그립시다.** 『조선일보』, 1996년 12월 19일자
교육방송을 통해 우리에게 알려진 밥 로스(Bob Ross)의 그림은 30분 정도면 완성된다. 그의 그림이 연출해내는 실제적 효과는 일반인들을 흥분시키지만, 오늘날 우리의 제도는 그를 피카소나 밀레와 같은 예술가라고 인정하지 않는다.

지적하고 있다. 때문에 팝아트는 키치적이라기보다는 캠프적이다.

　대중문화의 이미지를 통한 그들의 비평적 노력에도 불구하고 팝아트는 여전히 고급예술의 위치에 남아있다. 이런 맥락에서 팝아트는 분명 키치와 다르다. 그럼에도 굳이 팝 아트에서 키치와의 공통점을 찾는다면 다음 두 가지일 것이다. 팝의 외형적 이미지. 그리고 뒤샹의 변기가 예술이 되는 과정과 효과를 모방하였다는 점.

◦ 효자손

4

키치와 취미

피터 워드는 『Kitsch in Sync: A Consumer's Guide to Bad Taste』의 첫 장에서 "키치를 이해하는데 기본이 되는 것은 취미taste의 개념이다"[40]라고 쓰고 있다. 여기서 취미는 개인적 감수성의 영역으로서 어떤 대상에 대한 개인적 선호를 의미한다. 그러나 개인의 취미는 타인과의 관계에서 표출되기 때문에 단순히 개인적 차원의 문제로만 이해하는 것은 적절하지 못하다. 사회학적 맥락에서 취미는 취향이라고 불리는데, 프랑스의 사회학자인 피에르 부르디외Pierre Bourdieu는 취향

◦ 백조의 호수

이 사회 내에서의 구별짓기 요소로서 작동하고 있음을 주목하였다.

취향은 구분하고, 분류하는 자를 분류한다. 다양한 분류법에 의해 구분되는 사회적 주체는 아름다운 것과 추한 것, 탁월한 것과 천박한 것을 구별함으로써 스스로의 탁월함을 드러내며, 이 과정에서 각 주체가 객관적 분류 과정에서 차지하는 위치가 표현되고 드러난다.[41]

개인의 취향은 구체적 대상, 혹은 삶의 방식을 선호選好하는 것으로 나타난다. 많은 사람들에 의해 선호되는 대상이나 삶의 방식은 사회 내에서 긍정적 의미를 가지고 유통되는데, 이러한 움직임이 나타나는 것은 그것들이 그들 각각을 사회 속에서 의미 있고 가치 있는 존재로 규정해주기 때문이다.

오늘날 사회 내에서 취향은 특정한 행위 방식으로, 혹은 특정 사물의 소비로 구체화된다. 서로 다른 취향에 의해서 구체화되는 다양한 삶의 모습들은 사회 내에서 서로를 구별할 수 있게 한다. 그런데 여기에는 어떤 도치가 자리한다. 즉, 서로 다른 취향이 서로 다른 삶의 모습을 만들어 내는 것이 아니라, 다른 사람들과 구별짓기 위해 서로 다른 취향을 발전시키고 드러내는 것이다. 이렇게 구별짓기 요소로 자리한다는 것은 취향이 개인적 선호라는 사적인 영역이 아니라, 사회적인 맥락에서 작동하는 영역임을 드러내는 것이다.

취향이 사회학적 용어라면 취미는 미학적 용어라고 할 수 있다.

◦ 에로 영화 포스터 이것은 왜 저급한 것인가? 그 답은 간단하다. 저급과 고급의 구분을 만들어내는 힘이 '저급하다'고 하였기 때문이다.

◦ 저급과 고급의 공존

미학에서 취미의 개념은 오래된 화두이자, 중심 화두로 자리해 왔다. 취미에 대한 논의에서 칸트Immanuel Kant는 제외될 수 없는 인물이다. 그는 객관적으로 진정한 취미와 사이비 취미를 구분하였다. 그리고 전자에 의해서 경험되는 것만을 참된 미적 경험으로 보았다. 키치를 부정적인 것으로 보고 일정한 거리를 두고자 하는 고급문화는 이러한 칸트적인 취미개념을 받아들이고 있는 것이다.

1790년 칸트는 『판단력 비판The Critique of Judgement』에서 "취미란 대상이나 표상 방식을 아무런 관심 없이 만족 또는 불만족을 통해 판정하는 능력이다. 그리고 그와 같은 만족의 대상이 아름답다고 일컬어진다."[42]라고 주장한 바 있다. 여기서 우리가 주목해야 할 부분은 '대상을 아무런 관심 없이 판정'한다는 주장이다. 만일 칸트에게 있어 미적 판단의 전제인 무관심성이 미적 경험을 나머지 경험들로부터 떼어내는 것을 의미하는 것이라면, 그의 주장은 지나치게 이상적이고 비현실적이다. 왜냐하면 삶 속에서 우리가 어떤 대상을 접할 때, 순수한 마음의 상태로 경험한다는 것은 불가능한 것이기 때문이다. 자네트 월프는 미적 경험의 속성에 대하여 다음과 같이 말한다.

의식범주로서의 그것(미적 경험)의 현상학적 지위가 어떻게 되든 간에, 그것의 실제 작용에 있어서, 그것은 언제나 필연적으로 사회적 실존의 경험적, 이데올로기적 특성들에 의해 철저하게 침투당해 있는 것이다.[43]

순수한 마음의 상태에서 대상을 경험하는 것은 실제 삶에서 불가능한 것이다. 현실 세계에서 개인은 순수한 존재가 아니라 맥락 의존적이고, 여러 이데올로기들의 영향을 받는 존재이기 때문이다. 미적 경험을 포함한 모든 경험은 순수한 마음의 상태에서 이루어지는 것이 아니다. 경험은 경험 주체의 지식과 믿음, 경험이 이루어지는 상황, 경험 시간, 경험 공간, 그리고 관계하는 주체와 같은 다양한 요인들에 의해 영향을 받기 때문이다.

　그럼에도 칸트는 시간과 공간을 초월한 절대적이고 객관적 위치에 자리한 경험 주체를 가정하였다. 이는 헤겔의 '절대정신'을 연상시킨다. 헤겔은 절대정신 속에서 철학의 문제인 주관과 객관을 통일하려 하였다. 그러나 이러한 그의 의도가 가능하기 위해서는 주관과 객관을 초월한 위치에서 그 작업이 이루어져야 하는데, 이는 실현될 수 없는 것이다. 시간과 공간을 초월한 인식이라는 것은 삶이라는 실제 세계의 외부에 위치할 수 있을 때에나 가능한 것이다. 인간은 그러한 위치에서 어떤 경험을 할 수 있는 존재가 아니다. 그는 세계 내의 존재이고, 유한의 존재다. 같은 맥락에서 메를로 퐁티Maurice Merleau-Ponty는 다음과 같이 주장한다.

어떤 경험이 그 경험의 의미로 변형되어지는 것이다. 따라서 진리란 우리 자신 속에 있는 모든 현재들의 현존presence of all presents인 침전을 뜻하는 다른 말에 불과한 것이다. 그것은 심지어 특히도 궁극적인 철학적 주관에 대해 모든 시대에 걸친 우리의 초객

관적인 관계를 해명해 주는 객관성이란 것이 없다는 것을 말하고 있는 것이기도 하다.[44]

결국 우리가 어떤 현상이나 대상을 인식하고 판단하는 것은 역사적 배경, 경험, 사회·문화적 상황 등의 총체적 영향 요인들에 의해 이루어지고 동시에, 판단이 이루어지는 시간에 따라 달라질 수밖에 없다는 말이다. 일체의 관심에서 벗어난 순수한 마음의 상태에서만 아름다움을 경험할 수 있다는 가정은 이런 의미에서 실재하기 어려운 것이다.

그렇다면 이러한 취미에 대한 가정을 기반으로 하는 고급문화의 주장 또한 실재와 거리를 갖는 이상적인 것이라 할 수 있다. 그럼에도 오늘날 고급문화가 사회 내에서 존재하고 일정한 위치를 유지하고 있다는 사실은 그 문화가 어떤 이데올로기적인 힘에 의한 것임을 암시한다.

이데올로기는 특정 집단에 의해 부각되는 조직적인 사고 체계로 눈가림이나 왜곡, 은폐를 의미한다. 이 과정에서 왜곡하려는 계급은 스스로를 사고의 주입자로 생각하지 않으며, 주입 당하는 입장에서도 그것을 인식하기란 쉽지 않다.[45] 이러한 이데올로기적 힘이 작동하는 공간에서 고급문화의 소비계층은 취미를 통해 자신을 사회 내에서 구별 짓고자 한다. 그들이 키치를 부정하는 것은 키치가 그들의 구별 짓기 기호를 소비하기 때문만이 아니라, 키치를 부정하는 것 자체가 하나의 고급스러운 취미를 드러내는 구별짓기 행위이기 때문이다.

취미는 개인적인 선호選好의 의미를 넘어선다. 이미 그것은 사회·

문화적 관계에 의해서 형성되고 유지되는 사회적 성질의 것이다. 피에르 부르디외는 사회·문화적으로 물려받은 성향과 기질이라는 의미의 '아비투스Habitus'라는 개념으로 이를 설명하였다. 아비투스란 특정 시간과 공간에서 사회적 문맥에 의하여 가르쳐지고 획득된 성향, 인지와 평가와 행동의 틀 전체를 가리키는 용어다.[46] 프랑스의 사회학자 피에르 앙사르Pierre Ansart는 이를 '실천의 생성 문법'이라고 칭하였다. 아비투스는 구체적 실천으로 연결되어 사회·문화적 계급을 결정하고 확인하는 역할을 한다. 때문에 앙사르는 부르디외의 연구를 통해서 "문화적 소비가 사회 계급에 따라서 얼마나 달라지는가를, 또 문화적 소비가 교육 수준과 경제적, 문화적 자본의 수준에 따라 얼마나 달라지는가를 우리는 알 수 있게 되었다"[47]고 평가하였던 것이다.

장 보드리야르가 『소비의 사회』에서 "키치가 존재하기 위해서는 그것에 대한 수요가 있어야 하는데, 이 수요는 사회적 지위이동에 따라 결정된다"[48]라고 주장한 것은 키치가 사회적 계급과의 관계에서 발생함을 시사하는 것이다. 사회 내에서 고급문화와 대중문화가 계급적으로 구분되는 것은 자연스러운 것이 아니다. 이러한 구분은 앞서도 언급했듯이 본질적 이유에 의해서 이루어지기보다는 사회적으로 규정되는 이데올로기적인 힘으로 인해 가능한 것이기 때문이다. 피에르 부르디외의 다음 주장은 그러한 힘의 존재를 암시한다.

저급하고 조잡하고 천박하며 타산적이고 비굴한, 한 마디로 자연스러운 기쁨을 부인하는 것, 바로 이것이 문화의 성역을 구성한다. 그리고 이것은 은연중에 세속의 천한 사람들은 영원히 접근할 수 없는 승화된 즐거움, 세련되며, 무사 무욕적이며, 대가를 바라지 않으며, 우아하고 단순한 쾌락을 누릴 수 있는 사람들이 우월하다는 사실을 재삼재사 확인해 준다. 예술과 문화 소비가 애초부터 사람들이 의식하건 그렇지 않건 또는 원하든 그렇지 않든 간에 전혀 상관없이 사회적 차이를 정당화하는 사회적 기능을 하게 되는 것은 바로 이 때문이다.[49]

    이를 통해 우리는 저급과 고급의 분리가 상층계급의 차별화 전략 아래에서 이루어지는 것임을 알 수 있다. 저급과 고급이라는 구분은 실제 삶에서 사회적 차이를 정당화하는 수단으로 사용된다. 즉, 상층계급은 문화적 서열에서 고급문화를 소비함으로써 하층계급과 다른 자신들의 사회적 위치를 정당화하려 한다. 이들에게 대중문화는 고급문화라고 결정된 것 이외의 문화를 모아놓은 것으로, 고급문화에서 요구하는 수준을 통과하지 못한 나머지 문화적 텍스트와 실천행위에 불과한 것이다.[50]

    그러나 만일 그러한 구분이 완벽하게 이루어지고, 상층계급이 고급문화만을 소비하려 하더라도 그들에게 대중문화는 피할 수 없는 것이다. 왜냐하면 그러한 구분은 이미 보았듯이 본질적 내용(실제로는 존재하지 않는)에 의해서가 아닌 자의적으로 이루어진 것이고, 무엇보다 대중문화의 내용 자체가 인간의 본성이 반영된 것이기 때문이다.

고급문화의 소비자들도 실제 삶에서 대중문화를 소비한다. 어빙 하우Irving Howe는 "고급문화가 경멸하는 대중문화란 우리가 아무리 경멸한다 할지라도 숨을 쉬기 위해서는 누구도 벗어날 수 없는, 우리 모두 호흡하며 사는 문화적 대기권과 같은 것"[51]이라고 주장한 바 있는데, 이는 같은 맥락의 주장이다. 따라서 고급문화를 대중문화보다 비교우위에 두고 고급문화의 입장에서 대중문화를 경멸하는 것은 이데올로기적인 것이라 할 수 있다. "수제비도 압구정동 레스토랑에서 팔면 고급음식이 되듯"[52]이라고 노래한 어느 시인의 통찰은 이 구분이 본질적 내용에 의해서가 아니라, 사회적이고, 이데올로기적인 힘에 의한 것임을 드러내고 있다.

이는 키치를 어떻게 보아야 하는가에 대한 단서가 되기도 한다. 앞서 그린버그의 주장에서도 알 수 있듯이 지금껏 키치는 대중문화와 밀접한 관계를 가지고 정의되어 왔다. 그래서 키치 또한 대중문화와 마찬가지로 고급문화와 대비되는 저급하고 불순한 무엇으로 정의되어 온 것이다. 그러나 이러한 시각은 반성이 필요하다. 대중문화와 고급문화의 구분 자체가 특정 이데올로기에 의해서 이루어진 것이라면, 키치에 대한 부정적 판단 또한 이데올로기적일 수밖에 없기 때문이다.

05
삶은 욕망을 따른다
키치 소비에 내재한 심리

아우라aura[01]가 상실된 시대를 사는 주체들은 사라진 아우라를 그리워한다.
키치는 이러한 심리를 놓치지 않는다. 그래서일까? 키치는 아우라를 끊임없이 불러들인다.
복제가 만연한 이 시대에 키치가 범람하는 것은 바로 그 때문일 것이다. 일상 삶의 주체들은
키치 소비, 혹은 키치적 소비를 통해 아우라의 흔적들을 발견함으로써
자신들의 심리적 결핍을 달랜다. 키치는 이처럼 심리적 차원에서 작동한다.
이 때문에 일상 삶에서 키치를 소비하게 하는, 혹은 키치적으로 소비하게 하는 심리들을
고찰하는 것은 키치를 이해하는 데 중요할 수밖에 없다.

1

향수: 과거에 대한 그리움

사회심리학자인 에리히 프롬Erich Fromm은 "인간은 동물과 구별되는 새로운 속성을 지니고 출현했으니, 분리된 실재로서 그 자신을 인식하는 것, 과거를 기억하며 미래를 예지하고 대상과 행위를 여러 가지 표상으로 나타낼 수 있는 능력 등이 그것"[02]이라고 이야기한 바 있다. 그가 지적하고 있듯이 인간은 여타의 동물들과는 달리 과거를 기억하는 존재다.

암울한 미래사회의 모습을 통해 '인간이란 무엇인가' 라는 철학적 물

음을 우리에게 던진, 리들리 스콧Riddley Scott 감독의「블레이드 러너Blade Runner」에서 실제 '인간'과 복제인간인 '레플리컨트'를 구분하는 수단은 다름 아닌 기억이었다. 영화에는 어릴 때 추억, 실제로는 조작된 추억이 담긴 사진을 소중히 간직하는 레플리컨트의 모습이 등장한다. 이 장면은 '과거에 대한 기억'이 삶에서 우리 자신의 정체성을 확인하는 데 얼마나 소중한 것인지를 느끼게 하였다. 사실 우리는 기억에 의지하여 다른 사람들과 관계하고, 그 관계 속에서 자신의 존재를 확인받는다. 옛 친구들과의 만남에서 함께 지냈던 시절의 추억이 주된 화두로 등장하는 것은 이 때문이다.

과거에 대한 애착은 현재의 삶이 과거의 그것과 극명하게 차이를 보일 때 드러난다. 더욱이 그 변화가 자연스럽게 이루어지지 않고 인위적인 어떤 힘으로 인해 갑자기 이루어진 것이라면 집착은 더할 수밖에 없다. 이러한 집착은 정서의 변화가 사회의 변화를 따라가지 못함에 따라 발생하는 것으로, 사람들은 그 상황에서 소외와 괴리의 감정을 느끼게 된다. 급격한 사회변화가 만들어 내는 소외의 감정은 과거를 좋았던 시절로 채색하고, 그렇게 채색된 과거는 소외를 느끼는 사람들에게 하나의 해방구처럼 비춰진다.

1960년대 이후 본격적으로 진행된 산업화 과정에서 우리 사회는 급격한 경제, 사회, 문화적 변화를 경험하였다. 농경사회에 기반을

◦ 복제: 아우라의 상실

둔 전통 문화로부터 산업화된 도시 문화로의 이행 과정은 물질적 풍요만을 가져온 것이 아니었다. 도시는 익명성과 경쟁, 그리고 그에 따른 비인간화의 공간이었다. 기계적으로 반복되는 삶의 리듬이 지배하는 도시에서 사람들은 고독을 느꼈다. 이러한 감정을 해소하기 위해 그들은 이미 익숙한 사물과 이미지들을 삶의 공간으로 가져와 배치하기 시작하였다. 근대 도시공간에서 향수적 키치는 바로 이러한 배경 속에서 등장하였다.

미래를 향한 움직임은 동시에 과거로 향하는 움직임을 동반한다. 콘크리트가 삶의 공간을 채우고, 삶이 기계화되면 될수록 사람들이 자연과 함께하는 전원적 삶에 대해 향수를 느끼는 것은 이러한 반작용의 흐름과 관계있다. 도시인들은 현대사회의 건조함을 과거에 대한 향수의 시선을 통해 냉소적으로 바라본다. '옛날엔 이렇게 각박하지 않았는데……', '옛날엔 살만했는데……'와 같은 향수의 심리는 과거의 것들을 현재의 문맥 안으로 끌어들이는 원인이 된다.

오늘날 우리 주변에는 전통적 산물과 과거의 이미지들이 넘쳐난다. 이러한 사물과 이미지들은 과거의 특정 사회, 문화, 기술적인 맥락 속에 자리하였던 것들이지만, 본래의 기능이나 의미를 가지고 존재하는 것은 아니다. 그것들은 본래의 모습으로 존재하기도 하지만, 왜곡되고 과장된 형태로 존재한다. 어떤 형태로 존재하든, 중요한 것은 그것이 과거와 관계하는 것이고, 과거를 연상시킨다는 사실이다. 그리고 그것으로 충분하다.

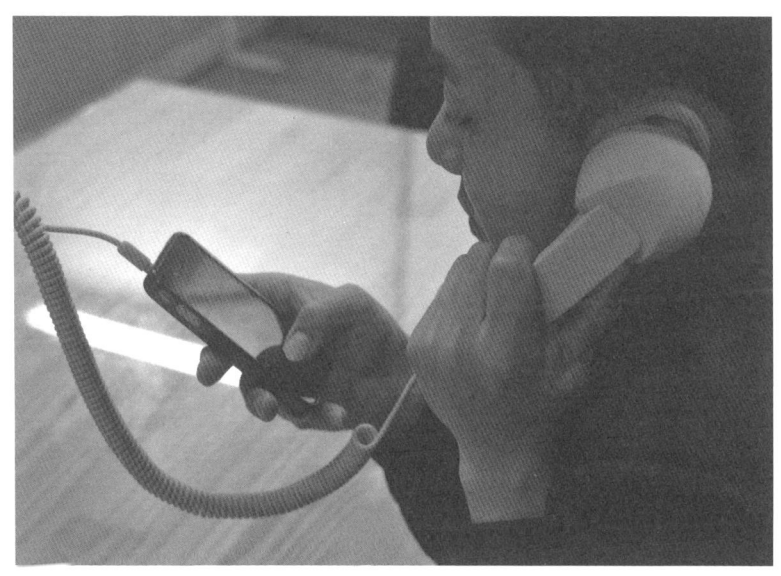

◦ 아이폰에 연결한 수화기

◦ 나무로 만들어진 초가집 형태의 조명

이러한 키치적 산물들은 도시적 삶의 공간에서 고향에 대한 향수의 정서를 달래거나 과거를 떠올리기 위한 기호로서 존재한다. 향수적 키치는 과거에 대한 그리움의 정서를 자극하고 달래려는 의도를 가리거나 숨기려 하지는 않는다. 오히려 그 의도를 적극적으로 드러냄으로써 스스로를 키치로 만든다. 그래서 키치들은 뻔하다. 이 뻔하다는 사실이 오히려 무겁고 긴장된 삶으로부터 우리를 해방시키는 역할을 하는 것이다. 여기서 키치는 자연스럽고 완벽한 신화이기보다는 자신의 신화성을 흘리는 허술한 신화로 존재한다.

일상에서 향수 키치의 사례를 발견하는 것은 어려운 일이 아니다. 한옥의 여러 건축적 요소와 이미지들을 차용한 음식점의 모습은 그 중 하나다. 그러한 음식점에서의 한옥 이미지는 '이 음식점은 옛날의 음식 맛이 있는 공간'이라는 이차적 의미를 발산하는 기호다. 기호로서 한옥의 이미지는 해당 음식점을 드나드는 사람들의 마음 한구석에 자리하고 있는 고향에 대한 향수, 전통에 대한 향수를 자극한다. 중요한 점은 그러한 정서를 자극한다는 사실이고, 이것만으로 키치는 자신의 존재 이유를 확인받는다는 사실이다. 이러한 스타일의 음식점을 드나드는 손님들 또한 그것으로 만족한다. 왜 한옥 내부에 형광등이 빛나고 있는지, 왜 뚝배기가 도시가스 불판 위에서 끓고 있는지, 왜 수정과를 마시고 난 후에 신용카드로 음식값을 계산해야 하는지 일일이 묻지 않는다. 단지 향수적 키치를 통해 자신들의 정서가 위로받았음에 만족할 뿐이다.

사물의 소비 영역에서도 향수의 심리를 자극하고 과거로 향해 가는 움직임을 발견할 수 있다. 전통적인 문양이라든지 민속품의 이미지를 취하고 있는 산물들이 바로 그것이다. 이러한 산물들은 소비하는 주체에게 심리적 안정감을 제공한다. 이것은 그러한 산물들이 미래를 향해 빠른 속도로 변해가는 현실과는 달리 느림을 이야기하기 때문이다.

향수적 키치에는 과거와 현재가 동시에 존재한다. 이러한 동시성은 과거를 현재와 이어준다. 또한 향수적 키치는 이것이기도 하면서, 동시에 저것이기도 한 모습으로 존재한다. 이는 순수하고 명확함보다는 중층적이고 혼재된 모습으로 존재하는 삶의 모습을 닮았다. 그래서 키치는 정겹다.

기술의 발달에 따라 다이얼식 전화기가 버튼식 전화기로 대체될 무렵, '다이얼식 형태의 버튼식 전화기'가 잠시 동안 출현한 적이 있다. 이 전화기는 버튼을 다이얼 형태로 배치함으로써 다이얼식 전화기에 대한 향수의 정서를 달래는 역할을 하였다. 사실 디자인의 역사를 보면, 새로운 제품들이 이전 시대의 형식을 모방하는 현상은 흔히 볼 수 있는 것이다. 자동차가 처음 등장할 때 마차의 형상을 모방한 것이라든지, 초기 컴퓨터가 타자기의 형상을 취하였던 것들은 그러한 예라 할 수 있다. 이러한 과도기적 제품들은 물질적 발전 속도를 따라

◦ 다이얼 방식의 형태를 하고 있는 버튼식 전화기
◦ 가마솥 모양의 그릇들

◦ 다시 등장한 라면과 과자

가지 못하는 이들의 정서를 위로하여 새로움에 대한 거부감을 없애는 역할을 한다. 이렇게 향수적 키치는 빠른 속도로 변해가는 물질적 환경과 더디게 변해가는 인간 정서 사이의 완충 역할을 수행한다는 점에서 긍정적이다.

향수적 키치는 다시 경험하고 싶다는 욕망을 해소해주기도 한다. 과거에 유행했거나, 혹은 많이 사용되던 사물들이 다시 등장하는 것은 이러한 심리와 관계가 있다. 터치 방식의 스마트폰에 꼽고 사용할 수 있는 수화기의 등장은 그것을 다시 경험하고 싶어 하는 심리와 무관하지 않다. 과거에 유행하였던 과자라든지 라면 등과 같은 인스턴트식품들이 다시 등장하는 것도 마찬가지다.

물론 이러한 제품들은 상업적인 이유로 만들어지고 유통되고 있다. 하지만 과거를 다시 경험하고 싶어 하는 욕망이 그것들을 소비하는 우리에게 있다는 사실 또한 부인할 수 없다. 일찍이 프레드릭 제임슨Fredric Jameson은 제품에 나타나는 과거로의 역류현상의 의미를 "그것을 다시 경험하고 싶은 억눌려진 욕망의 충족"[03]에서 찾을 수 있다고 주장한 바 있다. 이러한 욕망에 기대 향수적 키치는 지금 이 순간에도 삶의 공간에서 자라나고 있는 것이다.

◦ 다시 경험하고 싶은 욕망의 충족

2

과시: 부러움의 시선을 기다리며

과시하고자 하는 욕망은 키치를 만들어 내는 또 하나의 힘이다. 과시의 욕망이 자리하기 위해서는 나 이외의 존재들이 있어야 하고, 그들이 선망하는 대상이 있어야 하며, 그것을 내가 소유하고 있어야 한다. 그들이 선망하는 것을 인식하기 위해서는 나의 시선으로 대상을 바라보는 것이 아니라, 나 이외의 존재들의 시선을 경유하여 대상을 바라볼 수 있어야 한다.

고대 그리스시대의 화가였던 제욱시스Zeuxis와 파라시오스Parrhasios

◦ **마사치오,「낙원 추방」** 1427년경, 프레스코 벽화

에 대한 이야기는 나의 시선으로 보는 것과 타인들의 시선을 경유하여 보는 것이 어떻게 다른지 보여준다. 제욱시스와 파라시오스는 당대의 유명한 화가였다. 그들은 어느 날 누가 더 대상을 사실적으로 그릴 수 있는지를 겨룬다. 제욱시스가 그림의 대상으로 정한 것은 포도송이였는데, 어찌나 사실적으로 그렸는지 날아가는 새들이 그림 속의 포도송이를 따먹으려고 달려들 정도였다. 이것을 본 제욱시스는 자신의 승리를 확신하였다. 한편 파라시오스는 포도가 아닌 베일veil에 덮인 화폭을 그렸다. 그림이 모두 완성되어 서로의 우열을 겨루는 상황이 되었을 때, 승리는 "베일 뒤에 있는 당신의 그림을 보여주시오"라는 제욱시스는 말에 의해서 결정되었다.[04] 제욱시스는 새들도 속아 넘어갈 만큼 사실적으로 포도송이를 그렸지만, 파라시오스는 제욱시스의 시선이 속을 만큼 사실적인 그림을 그렸던 것이다. 파라시오스가 자신의 능력의 우위를 과시하기 위해 장막이 덮인 화폭을 그림의 소재로 선택한 것은 제욱시스의 시선이 무엇을 기대하는지를 잘 알고 있었기 때문이다. 파라시오스의 시선은 단순히 보기만 하는 시선이 아니라, 보여지는 것을 의식하는 시선이었던 것이다.

 바라보기만 하는 시선이 아니라 보여지는 것을 의식하는 시선이 존재하는 곳에 과시적 행위가 자리한다. 왜냐하면 누군가 자신을 보고 있다는 인식은 보여줌이라는 적극적인 행동으로 이어지기 때문이

◦ **부러움의 시선 속에서 존재를 확인하는 고급차**
◦ **예술의 신화 소비**

다. 아메리카의 일부 인디언들 사이에서 성행하였던 포틀래치$_{potlatch}$는 과시적 행위의 한 모습을 보여준다. 이 용어는 '축하를 위한 잔치'를 의미하지만 실제 내용을 보면 축하보다는 과시를 위한 목적이 더 크다는 것을 알 수 있다. 왜냐하면 경쟁 관계에 있는 한 마을 추장이 다른 마을 추장을 초대하여 성대한 잔치를 베풀면, 대접받은 추장이 더 성대한 잔치를 베풀어야 위신이 서는 교환행위이기 때문이다.

    세계 속에서 인간은 보여지는 존재다. 실제로 우리는 타자의 시선들이 교차하는 공간에서 살아간다. 일상 주체들은 마치 무대 위의 배우들처럼 이러한 타자의 시선들 속에서, 그 시선들의 존재를 의식하면서 행동한다. 집을 나서기 전에 거울 앞에서 우리가 보는 것은 타인들의 시선에 비칠 자신의 모습이다. 대화 중에도 우리는 상대방의 눈에 비칠 자신의 이미지를 늘 의식한다. 피곤에 지친 몸을 이끌고 지하철의 한구석 자리에서 선잠을 청할 때도, 미술관에서 그림을 감상하는 짧은 순간에도 타자의 시선은 우리의 행위에 영향을 끼친다. 오늘날 이러한 시선으로부터 자유로운 삶을 상상하는 것은 불가능하다.

    만일 우리가 보여진다는 인식에서 자유로웠던 때를 찾고자 한다면, 아담과 이브가 에덴동산에서 뛰어놀던 때로 거슬러 올라가야 할 것이다. 아담과 이브가 먹어서는 안 될 열매를 따 먹기 이전의 에덴의 모습은 보여지는 시선에 대한 인식이 없는, 그래서 오로지 바라봄만이 존재하는 곳이었다. 거기에는 어떠한 부끄러움도 없었다. 왜냐하면 부끄러움은 타인들의 시선에 비친 나의 이미지가 기대에 못 미친다는 것을 인식하는 순간에 경험되는 감정이기 때문이다. 호기심 많은 인간의 조상은 금지된 열매를 먹고 부끄러움을 알게 되었다. 그것은 비극의 시작이었다. 그들은 신의 명령을 거역한 죄로 인해 낙원에서 추방되었다. 어쩌면 신의 추방이 있기 이전에 이미 그들은 낙원을 벗어났다고 해야 할지 모른다. 왜냐하면 타인의 시선을 끊임없이 의식해야 하는 공간은 이미 낙원일 수 없기 때문이다.

 타자의 시선 앞에 선 주체들은 그 시선들에게 무엇인가를 보여주고 싶어 한다. 과시적 키치는 여기에서 등장한다. 유명 화가의 그림을 자신의 집 실내에 걸어놓는 졸부의 행위에는 과시적 심리가 자리한다. 설령 그 그림이 진품이 아니더라도 관계없다. 전원의 풍경을 담은 밀레의 복사본 그림이나, 아니면 달마 대사나 호랑이가 수놓아진 그림일지라도 그것을 소비하는 행위 이면에는 과시적 심리가 자리한다. 예술이라는 고상한 것을 즐김으로써 자신이 문화적 존재라는 점을 드러내고 싶어 하는 욕망 앞에서 그림의 본질적 내용, 혹은 소위 예술성이라는 것은 중요하지 않다. 여기서 중요한 것은 예술이 아니라 예술이 가져다주는 효과인 것이다.

 이 세계는 차이가 존재하는 공간이다. 한 마디로 계급이 존재하는 사회인 것이다. 계급적 굴곡을 만들어 내는 요인들, 즉 과시의 대상들은 다양하다. 경제력은 물론이고, 직업, 학벌, 심지어 신체에 의해서도 그 굴곡은 만들어진다. 그리고 그 대상들은 끊임없는 일상의 확인 과정을 통해 과시의 대상이라는 지위를 유지한다. 대중매체 또한

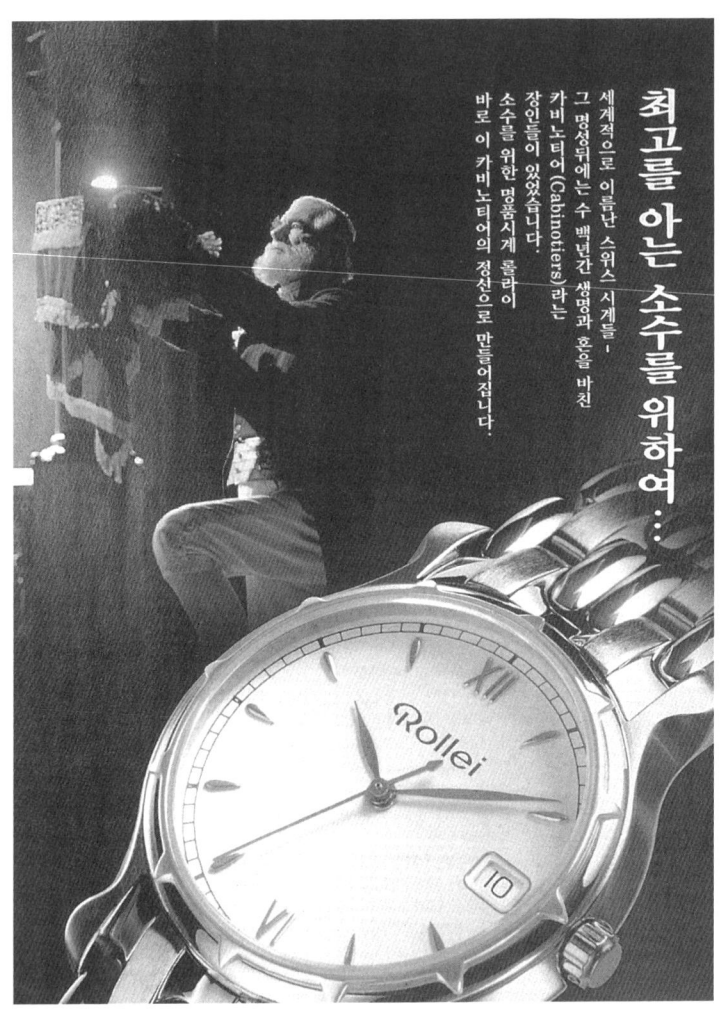

◦ '롤라이' 시계 광고

그 지위를 확인하고 유지하는 역할을 한다. 일상 삶의 주체들은 영화, TV 드라마, 광고 등을 접하면서 무엇이 과시할만한 것인지, 무엇이 그 영역에 포함되지 않는지, 그리고 어떠한 방식으로 과시하는 것인지를 학습하게 된다.

오늘날 고급예술을 소비하는 행위는 물론, '벤츠'나 'BMW'와 같은 고급 외제차들은 그 자체로 부와 사회적 지위를 의미하는 기호로 존재하고 있다. 영화나 드라마에서 부와 권력을 가진 인물을 묘사하는 상투적인 표현방법으로 이러한 기호가 사용되는 예를 찾는 것은 어려운 일이 아니다.

'롤라이Rollei'라는 국산 손목시계 광고는 과시의 내용이 매체를 통해 어떻게 만들어지고 있는지를 명확하게 보여준다. 광고문구는 구구절절 이 시계가 최고의 가치를 가진 제품임을 말하고 있다. 정밀시계 분야에서 세계적인 명성을 갖고 있는 스위스를 언급함으로써 '롤라이'라는 시계가 그것들과 관계가 있는 것처럼 묘사하고 있다. 스위스에서 시계를 만들었던 장인들을 칭하는 '캐비노티에Cabinotiers'는 일반 광고 소비자들이 쉽게 알기 어려운 용어다. 그런데 그 낯섦이 오히려 이 시계에 대한 신비감을 더하고 있다. 무엇보다도 '최고를 아는 소수를 위하여……'라는 문구는 이 제품을 소비하는 것이 곧 고급스러운 취향과 심미안을 가진 소수에 포함되는 길임을 말하고 있다.

최고를 아는 소수를 위하여…
세계적으로 이름난 스위스 시계들-
그 명성 뒤에는 수백 년간 생명과 혼을 바친 캐비노티에Cabinotiers라는
장인들이 있었습니다.
소수를 위한 명품시계 롤라이.
바로 이 캐비노티에의 정신으로 만들어집니다.

    이 광고의 왼편 윗부분을 보면, 캐비노티에처럼 보이는 인물이 광채를 발하는 무엇인가를 조심스럽게 높이 쳐들고 있다. 아마도 그 반짝이는 것은 광고하고 있는 시계를 의미하는 것 같다. 그의 한쪽 무릎이 들려진 것으로 보아, 이 반짝이는 것을 들고 높은 곳을 향해 한계단 한계단 올라가고 있음을 알 수 있다. 물론 계단의 끝자락에는 최고를 아는 소수가 자리할 것이다. 피라미드 계급구조의 정점에 자리하는 소수, 그들은 과시적 욕망에 기대 기꺼이 호주머니를 열 수 있는 사람들이다.
    높은 가격과 희소성으로 인해 이러한 사물들은 사회 내에서 부와 권위를 상징하는 기호로 자리 잡는다. 이러한 기호들은 물리적 기능을 통해서보다 소유하지 못한 이들의 부러움의 시선을 통해 존재가치를 획득한다. 부러움의 시선이 강렬하면 강렬할수록 그 대상의 가치는 높아지고, 그에 따라 사회에서 효과적인 과시의 수단으로 자리할 수 있게 되는 것이다.

◦ '**연회의 요정**' 「여원」, 1977년 1월

3

대리만족: 환상을 통한 욕망의 해소

차이가 존재하는 사회에는 그 차이를 상징하는 무엇이 존재한다. 특정 매너가 그 역할을 할 수도 있고, 특정 사물이 그 역할을 할 수도 있다. 습득하는데 많은 시간과 노력이 필요한 매너와는 달리, 사물은 그것의 소유 자체가 상징적 내용을 획득하는 것이기 때문에 물신주의가 만연한 사회에서 차이를 드러내는 지배적인 방식이 되고 있다.

◦ 멋을 낸 강아지

높은 신분이나 부유함의 상징이 되는 사물들은 가격과 희소성의 벽 때문에 일반인이 소유하기가 쉽지 않다. 접근의 어려움은 사회 내에서 그것의 가치를 효과적으로 유지시켜 준다. 이러한 접근의 어려움이 모조품을 만들어내는 배경이 된다. 가격과 희소성의 장애를 넘어서지 못하는 이들은 모조품의 소비를 통해 자신의 결여를 달랜다. 대리만족의 키치는 바로 이 공간에 존재한다.

  대리만족이라는 행위는 반드시 계급이라든지 부와의 관계에서만 발생하는 것은 아니다. 그 대상은 자신이 부러워하는 계급의 모습일 수도 있지만, 친구나 동료의 모습일 수도 있다. 또한 현재의 모습일 수도 있고, 과거의 모습일 수도 있다. 대리만족적 행위의 바탕에는 부러움이라는 심리가 자리한다. 부러움은 자신의 결핍이 확인되는 순간 발생하는 감정이다. 부러움은 대리만족적 키치를 자라게 하는 양분과 같은 것이다. 과시적 키치 역시 부러움과 관계하지만, 그 밑에 자리하는 심리의 흐름은 크게 다르다. 과시적 키치는 부러움을 기대하지만, 대리만족적 키치는 그 부러움을 해소하려 하기 때문이다.

  부러움의 대상은 개별 주체들이 살아가는 상황에 따라 다르게 나타난다. 병자의 경우는 건강이 부러움의 대상일 것이고, 빈자의 경우에는 경제적 풍요가 부러움의 대상일 수 있는 것이다. 어떤 대상을 향한 부러움의 끈들은 아래에서 위로, 위에서 아래로, 옆에서 옆으로 너무도 복잡하게 얽혀있다. 권택영은 자크 라캉의 욕망이론을 설명하는 글에서 부러움의 성격에 대해 다음과 같이 말하고 있다.

부러움이란 단어는 본다videre라는 동사에서 유래되었다. 어거스틴의 책에는 아이가 느끼는 부러움이 묘사되어 있다. 어머니의 무릎에 앉아 행복하게 젖을 빨고 있는 동생을 형은 갈기갈기 찢을 것 같은 시선으로 바라본다. 그는 자신이 더 이상 어머니의 젖을 필요로 하지 않으면서도 동생의 행복을 부러워한다. 부러움이란 그 본질에 대해 아무것도 모르면서, 즉 자신에게는 충족이 대상이 아닌 것을 타인이 소유할 때 느낀다. 자신의 결여를 떠올리게 하는 완벽한 이미지 앞에서 아이는 창백하고 떨리는 눈으로 동생을 보고 있는 것이다. 05

　부러움의 감정은 두 개의 시선으로부터 출현한다. 대상을 소비하는 풍경을 바라보는 시선이 그 하나라면, 다른 하나는 그 대상을 결여하고 있는 자신을 바라보는 시선이다. 서로 다른 방향으로 뿌려지는 두 시선이 포착한 내용의 차이에 따라 부러움의 강도 역시 달라진다.
　부러움은 마법과도 같다. 필요나 욕망의 대상이 아니었던 것도 부러움은 욕망의 대상으로 만들고 말기 때문이다. 자신의 결여를 드러내는 이미지 앞에서 느끼는 부러움의 감정은 소유에 대한 욕망으로 이어진다. 그 욕망은 또 다시 소비로 이어지지만, 욕망한다고 해서 모두를 취할 수 있는 것은 아니다. 대통령이 부럽다고 해서 모두가 대통령이 될 수는 없다. 인생의 황혼기에 접어든 할아버지가 가질 수 있는 젊음에 대한 부러움 역시 해소될 수 있는 성격의 것이 아니다. 그럼에도 우리는 그러한 대상들을 부러워한다. 희망과 현실의 충족 사이에는 괴리가 존재하고, 삶에서 이 둘 사이의 긴장은 피할 수 없다. 여기서 긴장해소를 위한 대리물과 대리체험은 욕망이 나아갈 수 있는 하나의 탈출구다. 이에 대해 박성봉은 다음과 같이 주장한다.

우리는 일상 삶에서 우리가 원하는 모든 것을 다 성취할 수는 없습니다. 또한 다양한 이유로 우리의 전 생애 내내 욕구와 현실 사이의 억압과 굴레 속에서 씨름해야만 합니다. 그러므로 우리가 '하고 싶은want to'과 '해야 하는should' 사이의 일상적으로 계속되는 긴장으로부터 대리적 정서체험을 통해 욕구와 현실의 역설적 통합으로 도피하려는 것은 당연한 일입니다.[06]

'하고 싶은' 것과 '해야 하는' 것 사이의 갈등은 욕망과 현실의 갈등이다. 현실이 어떤 욕망을 방해할 때, 사람들은 다른 수단을 통해 그들의 욕망을 해소하려고 한다. 대리물을 통해 현실과 욕망의 갈등을 해소하려는 움직임을 일상에서 찾는 것은 그리 어려운 일이 아니다. 애완동물을 자식처럼 돌보는 모습에는 대리만족 심리가 자리한다. 현실에서 친구, 혹은 아기를 가질 수 없는 사람들은 이러한 대용물을 통해 그들의 외로움을 달래는 것이다.

또 하나의 예를 들어보자. 우리 사회는 'ㅇㅇ방'들의 천국이라고 해도 과언이 아니다. 전화방, 소주방, 게임방, 노래방, 비디오방 등 다양한 형태의 'ㅇㅇ방'들이 곳곳에서 성업 중이다. 그중 노래방은 1990년대 초부터 확산되기 시작하여 현재는 일상의 보편적 문화공간으로 자리 잡았다. 노래방은 해소의 공간이자 대리체험의 공간이다. 은빛 마이크, 무대를 모방한 화려한 조명, 크게 울려 퍼지는 노랫소리, '명가수 탄생'이라는 문구, 늘 100점에 가까운 점수 등으로 형성된 노래방 고유한 분위기는 그곳을 찾는 이들에게 가수가 된 듯한 느낌을 만들어 낸다. 노래를 부르는 이는 이 느낌에 취해 눈을 지그시 감고, 몸을 흔들며 열심히 TV에서 보았던 가수의 목소리와 몸짓을 흉내 낸다. 이 풍경은 대리 만족적 키치의 모습을 보여준다.

노래방에 대해서는 많은 논란이 있었다. 대부분은 비판적인 내용이었다. 심지어 노래방에서 이루어지는 행태를 정신질환의 일종으로 해석하는 극단적인 시각도 있었다. 그러나 지금 이 순간에도 대리만족을 통해 결핍의 정서를 달래려는 이들은 노래방으로 향하고 있다. 그것이 비록 환상에 의존하는 것일지라도, 대리체험은 일상을 살아가는 데 힘이 된다. 오늘날 대리체험 공간들이 늘어나는 것은 바로 이 때문이다. 대리체험의 공간에서 사람들은 영화 속 주인공이 되기도 하고, 동화 속 공주가 되기도 한다. 이것은 그 자체로 즐거운 경험이 아닐 수 없다.

가상을 통한 욕망과 결핍의 해소는 사물들의 소비과정에서도 찾을 수 있다. 명품이라 불리는 고가의 상품들이 과시를 위한 기호로 자리하면서, '짝퉁'이라 불리는 모방상품들이 쏟아져 나오는 것은 대리체험의 욕망이 얼마나 강한 것인지를 잘 보여주는 예이다. 버나드 샤라트Bernard Sharratt는 대리체험 현상에 대해 "현재 자신의 압박과 설움과 불안에서 환상과 꿈, 자기보상, 대리만족 등 한마디로 현실을 싹 잊게 해주는 다채롭고 멋진 흥분의 세계로 도피를 추구한다는 것은 이제 익숙한 관념이 되었다"[07]고 지적한 바 있다. 사물의 소비를 통한 대리만족은 결핍의 정서를 채워줌으로써 욕망의 해소라는 긍정적인 역할을 하고 있는 것이다.

4
놀이 : 현실과 이탈의 변증법

인간은 놀이하는 존재다. 놀이는 다른 목적을 위해서가 아니라 놀이 그 자체가 목적일 때 의미가 있다. 놀이는 진지한 삶의 맥락과는 다른 층위에서 자신만의 이야기를 만들어간다. 이 때문에 놀이는 삶이라는 지루한 문장 속에 간간이 존재하는 쉼표와도 같은 것이다. 일찍이 호이징하Johan Huizinga는 놀이를 일상 생활의 간주곡으로 비유한 바 있다. 인간의 놀이에는 삶의 무게로부터 이탈이라는 도피의 심리가 내재한다. 그것은 현실의 세계가 너무나 진지하고 심각한 데서 오는 인간적

인 반작용이라 할 수 있다. 영국의 심리학자 하딩D. W. Harding은 『소설과 오락에서 도피라는 관념The Notion of Escape in Fiction and Entertainment』에서 도피 주의에 작용하는 심리작용에 대하여 다음과 같이 지적한 바 있다.

1. 후자의 보상적 호소력 때문에 어떤 것에서 다른 것으로 변화를 추구하는 과정
2. 인간이 자신의 일상적 수준 이하로 전락할 필요에 의해 퇴행을 추구하는 과정
3. 상황에 대한 관심으로부터 도피하는 대신 어떤 특정한 정서의 추구 그리고 그러한 추구에 의한 정서적 상태를 받아들이게끔 마음을 조작하는 과정 [08]

도피가 이루어지는 것은 도피처가 어떤 긍정적 내용을 제공하기 때문이다. 하딩이 말하는 '후자의 보상적 호소력', '어떤 특정한 정서' 란 이러한 긍정적 내용을 말한다. 삶에서의 도피는 반복되는 지루하고 답답한 현실에서 벗어남을 의미한다. 이러한 벗어남은 여행길에 만나는 그늘과도 같은 것이다. 여행자에게 그늘이 휴식을 제공하는 것처럼, 현실의 지루함으로부터 벗어나 어떤 특별한 체험을 위해 이탈하는 과정은 그 자체로서 삶에 활력을 제공할 수 있다. 놀이에 대하여 박성봉은 다음과 같이 주장한다.

놀이에서 재미의 방향은 직선적이라기보다는 순환적입니다. 만일 우리가 마술의 놀

◦ 바이올린 모양의 전화기

이적 속임수에 우리 자신을 열 수 없다면 우리는 마술에 전혀 반응할 수 없습니다. 우리는 마술을 진실로 받아들이고 있지 않으면서도 동시에 용서할 줄 압니다. 이런 의미에서 놀이태도는 속아주는 건강한 생명력의 승리입니다.[09]

놀이의 본질인 '벗어남'에는 '속아주기'가 존재한다. 속아주는 건강함을 통해 놀이 주체는 벗어남을 즐기면서도 동시에 자신이 돌아갈 위치를 잊지 않는다. 이것이 놀이를 통해 우리가 웃을 수 있는 하나의 이유다. 되돌아간다는 것이 전제된 벗어남, 그것이 놀이를 놀이로 만든다. 이것은 바다의 표면을 박차고 튀어 오르는 돌고래의 묘기에 비유될 수 있다. 바다로부터 돌고래의 벗어남은 다시 바다로 돌아감을 전제로 한다. 만일 돌고래가 바다에서 벗어나 하늘을 날면서 계속 이탈의 상태를 유지한다면, 그 돌고래는 더 이상 돌고래라고 불릴 수 없을 것이다.

벗어남에는 벗어날 대상이 존재한다. 돌고래에게 있어 그 대상이 바다인 것처럼, 일상의 주체들에게 그 대상은 현실의 삶인 것이다. 현실이라는 바탕 없이 벗어남은 존재하지 않는다. 놀이는 이 현실과 벗어남의 변증법적 관계에서 구체화된다. 현실과 벗어남의 마찰은 놀이에서 피할 수 없는 부분이다. 박성봉은 다음에서 놀이가 관습적이고 선한 것을 유지하려는 욕구와 벗어나고자 하는 욕구 사이의 마찰로부터 발생한다고 말하고 있다.

◦ 오징어 형태의 시계
◦ 헤드폰을 끼고 있는 시계

(놀이는 복잡한 마음의 상태를 반영하는데 이는) 긴장된 의식의 갑작스런 도약에 의해 두 가지 서로 반대되는 욕구, 즉 관습적인 것, 선한 것을 유지하려는 욕구와 관습과 윤리가 요구하는 제약으로부터 풀려나고자 하는 욕구 사이에 완충지대를 현실화시키기 때문입니다.[10]

오늘날 사물의 영역에서 현실을 구성하는 '관습적인 것, 선한 것'은 무엇일까? 그것은 우리가 일반적으로 이야기하는 '사물다움'을 칭하는 것으로 이해할 수 있다. 어떤 사물이 '사물답다'라는 것은 형태와 기능이 적합하게 연결되어 있다는 것을 의미한다. 주전자라는 인공물은 물을 담고 따르는데 적합한 기능 요소들의 조합과 관습적 전통에 따라 그 형태가 결정되었다. 바이올린의 형태 또한 소리를 내기 위한 구조의 결과물이기 때문에 형태와 기능 사이에 정합성이 있다고 말할 수 있다. 우리가 삶에서 사용하는 많은 사물들은 이러한 정합성에 기반을 두고 존재하는 것이다.

사물의 영역에서 놀이 태도는 그러한 정합성에서 벗어나는 과정에서 발생한다. 그림의 헤드폰을 착용한 사람 모양을 한 시계는 놀이 태도를 보여주는 사물이다. 시계를 사람으로 표현한 것뿐만 아니라, 전통적인 자명종 시계가 갖는 종을 헤드폰의 귀로 표현한 것은 현실을 왜곡하는 키치의 속성을 보여주고 있다. 그뿐만 아니라 오징어 모

◦ 코카콜라 캔 모양의 가방
◦ 한옥 형태의 개집

양을 하고 있는 시계에서도 놀이 태도를 읽을 수 있다. 우리는 여기서 재미를 경험한다. 재미는 놀이에서 매우 중요한 요소라고 할 수 있는데, 카웰티 J. G. Cawelti는 재미에 대해 다음과 같은 말을 하였다.

재미있는 이야기를 창조해내기 위해서는 어떤 특정 시기의 어떤 특정 문화에 밀접하게 관련되어 있는 이미지, 주제, 상징 등을 구체화하는 일이 필요하다. 그것은 원형적 패턴이라고 불릴 수 있는 것인데, 왜냐하면 그것은 어떤 문화를 지배하고 있는 일련의 기본적인 관심사는 어떠한 것인가를 드러내 줄 뿐만 아니라 어떻게 그러한 관심사들이 취급되고 있는가까지도 암시하고 있기 때문이다.[11]

 카웰티에 의하면, 재미의 출발점은 특정 시기와 문화에 밀접하게 관련된 이미지, 주제, 상징 등을 구체화하는 데에서부터 시작된다. 이렇게 구체화된 이미지는 왜곡되고 변형되면서 재미를 경험하게 하는 것이다. '코카콜라' 캔 모양의 가방은 그런 의미에서 재미를 불러일으킨다. 이 가방은 우리가 지금까지 경험해 왔던 '코카콜라' 캔 없이는 등장할 수 없기 때문이다. 현실에서 유통되고 있는 의미나 기능이 아닌 다른 차원으로 그 내용을 위치시킴으로써 유희적 체험을 유도하고 있는 것이다.
 과장은 놀이를 가능하게 하는 또 다른 요소다. 현실을 왜곡시키고 가치와 효과를 모방한다는 점에서 과장된 사물은 키치다. 돼지 모양

◦ 만화적으로 표현된 돼지 저금통

의 저금통은 만화에서나 볼 수 있는 귀여운 인물의 이미지를 통해 현실을 과장하고 있다. 리본, 복福이라는 글자, 돼지 눈의 만화적 표현, 돼지의 전체 형태, 복숭앗빛이 도는 색상 등은 여러 가지 요소들이 결합된 중층적 키치의 모습을 동시에 보여주고 있다.

놀이 키치의 존재는 삶의 중요한 성격을 드러낸다. 그 성격이란 인간의 삶이 기계와 같이 무감각하고 차가운 합리성만으로 정의될 수 없다는 것이다. 사물이 기능과 형태의 정합성만으로 정의된다면 삶은 건조할 것이다. 놀이 키치는 건조할 수 있는 사물과 인간 사이를 해학적 표현을 통해 웃음을 유도하고, 그 웃음을 통해 촉촉하게 적신다. 이는 놀이 키치가 모순이 자리하는 실제 삶 가까이에 자리하고 있음을 드러내는 것이다.

# 5

성: 무겁지 않은 유희

성은 일상 주체를 지배하는 강력한 힘이다. 프로이트가 인간의 행위를 성적 욕망과 그에 대한 억압으로 설명하고자 했던 것은 그래서였을 것이다. 정신분석학에 따르면 사람들의 무의식은 자신의 본능적 충동을 충족시키려 하지만, 사회적 질서는 그 욕망을 억압하고 자신을 따르도록 한다. 의식이 성장한다는 것은 본능적 충동을 억압하고 사회의 욕망에 자신을 동일시하는 과정이다. 하지만 억압한다고 해서 본능적 충동이 소멸하는 것은 아니다. 이 과정에서 성적 욕망은 사라지지 않고 잠재해 있다가 어떤 자극, 혹은 계기를 만나게 되면 자신의 존재를 드러낸다.

팝 가수 마돈나의 누드집에 얽힌 이야기는 이러한 사실을 잘 보여주고 있다. 그녀의 누드 사진집 『섹스』가 처음 나왔을 때 미국의 주요 언론들은 "도대체 누가 이런 형편없는 사진집을 사는데 50달러를 쓰겠는가"라고 의문을 품었다. 그러나 그 책의 초판 75만 권은 전 세계로 불티나게 팔려나갔다.[12] 이는 성에 대한 욕망의 존재를 드러내는 사례라 할 수 있다.

현대사회에서 성은 하나의 상품으로 유통되고 있다. 상품화된 성의 이미지는 TV 드라마, 광고, 영화, 신문의 전단, 인터넷 등 다양한 매체를 타고 흐른다. 그곳에서 성은 왜곡되고 과장된 모습으로 존재한다. 희화화된 성, 실제보다 더욱 성적인 모습의 성이 그것이다.

성을 가시화한 이미지는 키치, 혹은 키치적 소비를 촉진시키는 중요한 추진력이다. 소비영역에서 성적 자극을 매개로 한 교환은 일반적인 현상에 가깝다. 교환의 매개로 성이 기능한다는 것은 사회적 의미와 가치를 지니는 기호로 성이 존재한다는 것을 뜻한다. 보드리야르는 성이 가지는 사회적 성격을 다음과 같이 지적하고 있다.

현대사회에서 교환의 일반적인 에로티시즘과 본래 의미의 성욕을 분명하게 구별할 필요가 있으며, 또한 교환되는 욕망의 기호를 매개로 하는 에로틱한 육체와, 환상의 무대이며 욕망의 거처로서의 육체를 구분해야 한다. 충동 및 환상으로서의 육체를 지

배하는 것은 욕망의 개별적 구조이지만, 에로틱한 육체를 지배하는 것은 교환의 사회적 기능이다.[13]

성은 인간의 육체에만 존재하는 것은 아니다. 소비사회에서 성은 오히려 사물을 통해 나타나기도 하고 사라지기도 한다. 우리는 유행이 한참 지난 옷을 입은 이에게서 매력을 느끼지 못하지만, 유행하는 옷을 세련되게 입은 이에게서는 매력을 느낀다. 밝은 태양 아래서는 매력을 느끼지 못하던 이가 카페의 분위기 있는 조명 아래서는 매력적으로 보인다. 자연스러운 체취를 풍기는 이에게서는 매력을 느끼지 못하지만, 향수 냄새를 풍기는 이에게서는 성적 매력을 느끼기도 한다. 이러한 경험적 사실은 현대인들이 육체 그 자체가 아니라, 육체와 결합된 사물에서 성적인 매력을 느끼고 있음을 보여주는 것이다. 실제로 현실에서 우리가 육체에 매혹되는 것인지, 아니면 사물에 매혹되는 것인지를 분간하기는 쉽지 않다. 어쩌면 성적 욕망을 자극하는 섹시한 사물들에 매혹되었으면서도 육체에 매혹되었다고 착각하고 있는지도 모른다. 그렇다면 우리는 인간의 육체가 아닌, 사물이 성적인 매력을 만들어 내는 시대에 살고 있다고 해야 할 것이다.

사물의 영역에서 성은 노골적으로 표현되기도 한다. 이렇게 표현된 성의 모습은 가볍고 코믹하다. 다리 모양을 한 호두까기는 이러한 성의 모습을 보여주고 있다. 성의 관능성을 유희적으로 표현함으로

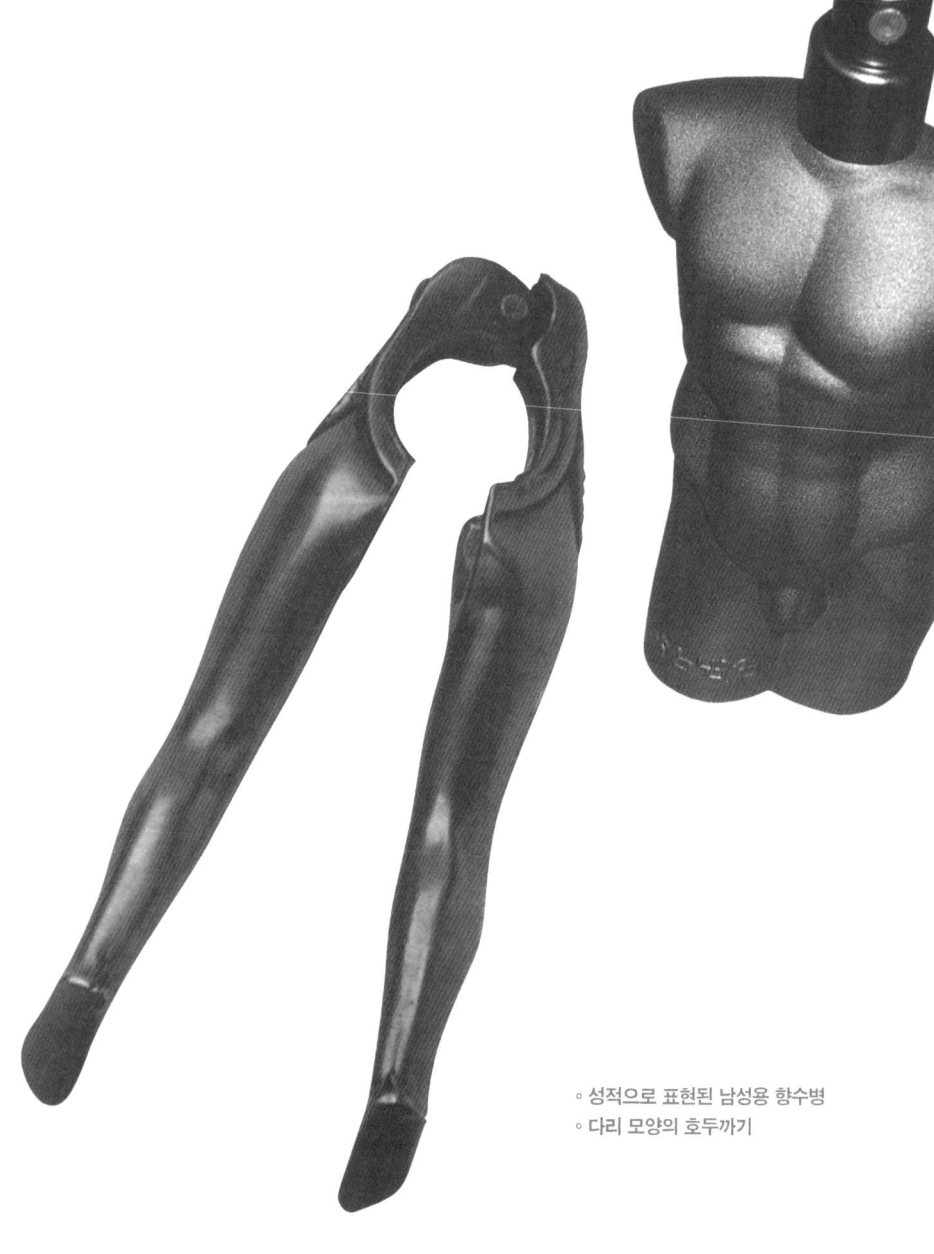

◦ 성적으로 표현된 남성용 향수병
◦ 다리 모양의 호두까기

써 호두를 까는 기계적이고 무의미할 수 있는 행위를 가벼운 웃음과 함께 경험하도록 하고 있는 것이다. 이 사물은 일상에서 크고 작은 이야기들을 만들어낸다. 성의 상품화, 혹은 페미니즘과 관련된 진지하고 무거운 담론들을 만들어 낼 수도 있고, 다이어트와 같은 가벼운 농담들을 주고받는 촉매가 될 수도 있다. 이미 우리는 이 사물을 통해 키치를 이야기하고 있다. 이렇게 보았을 때 키치는 침묵과는 거리가 멀다. 그것은 아주 사소한 현상을 보고서도 웃음을 참지 못하고 재잘대는 사춘기 소녀를 연상케 한다.

일반적으로 성은 사회 내에서 가려져 있다. 우리는 이러한 성의 드러남을 외설이라는 이름을 사용하면서 다루길 꺼린다. 외설은 드러남이 극에 위치한, 즉 더는 어떤 비밀도 존재할 수 없을 만큼 드러난 것을 말한다.

외설은 숨기거나 억압되거나 금지되거나 불분명한 것이 아니라, 그 반대로 가시적인 것, 아주 분명한 가시적인 것, 가시적인 것보다 더 가시적인 것이다.[14]

외설에 대한 보드리야르의 이야기는 가려짐과 드러남이라는 서로 대비되는 움직임을 통해 성을 생각하게 한다. 일반적으로 성은 가려져야 할 대상으로 이야기된다. 하지만 모두가 그렇게 생각하는 것은 아니다. 영화 등급심사에 관한 신문기사나 성에 대해 젊은이들이 어떠한 생각을 가졌는지를 보여주는 설문결과는 성에 대해 서로 반대되는 이해가 공존한다는 사실을 드러낸다. 성을 가리려고 하는 주체들은 보드리야르적 의미의 외설을 천박한 것이고 경망스러운 것으로 이해한다. 반면 드러내려고 하는 주체들은 성을 자연스러운 것이고, 자유롭게 표현할 수 있는 대상으로 이해한다. 이들은 성을 가리려고 하는 것 자체가 폭력적이고 권위적인 행위라고 비판한다.

성적 키치는 성에 대한 일반적 인식에서 벗어남으로써, 개별주체의 무의식 속에 자리 잡은 성을 이야기한다. 그러나 대부분 그 이야기는 심각하거나 무겁기보다는 가볍고 유희적이다. 그 때문에 성적 키치는 성과 관련된 사회 전체 힘의 구조를 파괴하기보다는 인정할 것은 인정하자는 태도를 드러낸다. 가볍고 뻔하다는 느낌은 여기서 비롯된다. 일상 주체가 성적인 키치를 쉽게 받아들일 수 있는 이유는 바로 이러한 가벼운 모습 때문이다. 키치의 가벼움은 우리로 하여금 긴장을 푼 상태에서 그것들을 경험하게 한다.

물론 가벼움만으로는 설명할 수 없는 모습들도 간혹 나타난다. 광고가 성을 다루는 방식이 그러한데, 광고에서 성은 그것을 대상화하고 상품화함으로써 이러한 우려를 증폭시킨다. 이러한 모습은 분명 비판받아야 할 것이다. 하지만 동시에 그것을 비판하는 시선 또한 점검해보아야 한다. 왜냐하면 그 시선은 일상 삶의 주체들을 지나치게 수동적이고 나약한 존재로 가정하고 있기 때문이다. 그뿐만 아니라, 그 시선은 일상의 주체들이 자리한 위치가 아닌, 보다 높은 곳에서 일

◦ 성적 표현의 열쇠고리

상 주체들의 삶을 바라보고 있다. 오늘날 성적 이미지의 제품과 광고를 소비하는 대중들은 나름의 판단력을 가진 주체라는 사실을 간과해서는 안 된다. 또한 그들의 삶이 일체의 불순함, 혹은 허상에서 벗어나 도덕적 테두리에서만 이루어져야 한다는 사고는 자칫 삶을 무미건조하게 만들 수 있다. 도덕을 강요하며, 누군가를 가르치려는 태도로 어느 한 쪽을 일방적으로 부정하는 것은 문제가 있다는 말이다. 삶이란 것은 흑과 백으로 명확히 구분되고, 더구나 한쪽으로만 몰아갈 수 있는 그런 성질의 것이 아니기 때문이다.

6

풍자: 웃음을 통한 거리 두기

현대사회가 만들어내는 소외, 이웃 간의 단절, 물질만능주의, 부의 불균등한 분배 등은 이 시대를 살아가는 우리에게 상대적 빈곤감을 느끼게 한다. 그러한 빈곤감은 훈훈한 인간적인 이야기와 정, 그리고 사랑과 나눔에 의해 채워질 수 있지만, 때로는 풍자적 사물의 소비를 통해서 해소되기도 한다.

물질과 권력이 지배하는 세속화된 사회를 풍자한 사물들은 또 다른 모습의 키치다. 풍자는 수신자가 어떤 대상을 나름의 방식에 따라

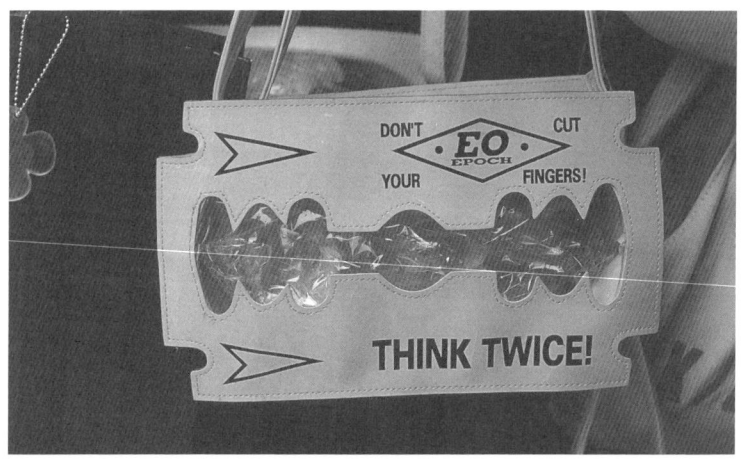

◦ 면도날 형태의 가방
◦ 엿, 거울, 그리고 포크

메시지로 재구성하는 비평적 재현으로, 풍자된 리얼리티는 관습, 태도, 양식, 사회구조, 편견 등을 포함한다. 풍자적 키치와 그것의 소비에는 비평적 태도가 자리한다. 그 태도는 풍자하는 대상에 대한 비평적인 거리를 만들어 내는데, 키치에서 이 비평적 거리는 심각함을 통해서가 아니라 우스꽝스러운 효과를 통해서 얻어진다. 희화화된 키치적 대상을 소비함으로써 일상의 주체들은 카타르시스를 체험한다. 이것이 풍자적 키치를 찾고, 소비하게 하는 힘이다.

키치에 있어 풍자는 상호 텍스트성[16]을 통해 표현된다. 롤랑 바르트는 상호텍스트성을 다른 텍스트에 비추어서 하나의 텍스트를 해독하는 행위로 정의하였다. 풍자 키치는 하나의 대상을 본래의 맥락에서 벗어나 다른 맥락으로 이동시킨다. 면도날 모양의 기방은 소매치기가 존재하는 사회에 대한 풍자 키치의 모습을 보여주고 있다. 가방 아랫부분에 자리한 '다시 생각해 보라 Think Twice!'라는 텍스트는 마치 소매치기에게 '재고해 보라'는 메시지를 보내고 있는 듯하다. 그리고 윗부분에 자리한 '너의 손가락을 자르지 마라 Don't cut your fingers!'라는 글귀는 가방의 모양이 왜 면도날 모양인지를 설명하고 있는 것으로, 소매치기에게 일종의 경고 메시지를 보내고 있는 것이다.

그러나 이 가방은 실제로 어떠한 면도날의 기능도 하지 못한다. 또한 일반적으로 가죽과 같은 질긴 재료로 만들어지는 여타의 가방과는 달리 비닐이라는 싸고 약한 재료로 만들어졌다. 더욱이 면도날 홈 부분이 투명한 비닐재질로 되어 있어, 가방 속 내용물이 모두 비친다.

모순되는 내용과 형상을 통해 이 키치 제품은 소매치기가 존재하는 세태를 풍자하고 있다.

풍자적 키치가 갖는 의미는 그것이 자리하는 사회・문화적 맥락에 따라 달라진다. 1995년 말 한국은 노태우 대통령의 4000억 비자금 사건으로 시끄러웠다. 이때 등장한 '동전을 꿀꺽 삼키는 저금통'이라든지 '떼었다가 다시 붙이게 된 이중구조의 핸드백' 등은 세태 풍자적 사물들이다. 만일 이러한 사물들이 '비자금 사태가 발생한 1995년 말 한국'이 아닌 다른 시공간적 맥락에 자리한다면 거기서 풍자적 의미를 찾는 것은 어려운 일일 것이다. 이는 풍자적 의미가 대상 자체에 의해서 만들어진다기보다는 그 대상이 자리한 맥락 속에서 획득된다는 사실을 보여주고 있다.

풍자 키치는 비평적인 거리 두기와 함께 유희적으로도 나타난다. 유희적인 풍자 키치는 비평적 의미가 약화되고 풍자의 메커니즘 자체를 즐기려 한다. 수화기가 아령의 모양을 한 전화기는 그 예로서 수화기를 들고 내리는 반복적인 행위가 마치 아령을 가지고 운동하는 모습과 같다는 점을 풍자한 것으로 이해할 수 있다.

이러한 유희적 풍자의 사례는 또 있다. 교육열이 어느 나라보다 뜨거운 우리의 현실은 대학입시가 하나의 큰 사회적 사건이다. 시험 당일에 각 대학교 교문은 '붙어라'는 의미를 가진 엿으로 홍역을 치른다. 그리고 입시철이면 '찹쌀떡'이라든지 '엿'을 선물로 주고받는 것이 하나의 풍속으로 자리 잡았다. 최근에는 포크나 화장지, 거울 등을

◦ 아령 형태 수화기

◦ 마패 형태의 엿

주기도 하는데 이는 시험과 관련된 행위들을 풍자한 사물들이다. 포크는 '잘 찍어라'는 의미를, 화장지는 '잘 풀어라'라는 의미를, 거울은 '잘 보아라'라는 의미를 가진다. 여기서 풍자는 하나의 행위를 담아내는 추상적 언어로 이동한 후, 그 언어가 관계하는 사물을 통해 본래의 행위를 바라봄으로써 이루어진다.

    이러한 모습은 풍자가 특정 사회·문화적 맥락에서 만들어진다는 점을 다시 한 번 확인시켜준다. 풍자의 이러한 특성은 역으로 풍자된 사물들로부터 한 사회의 이슈와 문화적 특수성을 읽어낼 수 있는 가능성을 보여주는 것이기도 하다. 문화를 읽는 하나의 텍스트로서 사물이 기능할 수 있는 것은 바로 이 때문이다.

◦ **시사주간지에 표현된 비자금 사건** 『주간조선』, 1995년 11월 2일자

祕자금세태 異色상품 불티

노태우 저금통
김옥숙 핸드백

저금통 동전 '꿀꺽'하는 모양
핸드백 뗐다 붙이는 이중구조

이종태·김시래 기자

비자금 세태를 반영해 이른바 「노태우 저금통」과「김옥숙 핸드백」이란 별명을 가진 이색상품까지 등장해 화제를 낳고 있다.
이들 상품은 노태우(盧泰愚)전 대통령부부의 비자금 조성을 희화(戱畵)시킨 내용으로, 비자금에 대한 관심을 타고 길거리 좌판이나 일부 백화점에서 호기심속에 불티나게 팔려나가고 있다.
이른바「노태우 손 저금통」은 양변기 모양의 저금통 입구에 동전을 올려놓는 즉시 저금통안에서 흰손이 나와 동전을 낚아 여가도록 고안된 제품이다. 태엽을 감아 양변기 안의 손을 움직이도록 되어 있는데 이 손이 바...

한 장난감 저금통으로 판매돼 오다가, 비자금 사건이후 이름을 잽싸게 바꾸면서 인기상품으로 급부상한 경우다.
남대문시장의 한 상인은 「지난달까지만해도 하루에 10개를 파는게 고작이었으나 요즘에는 비자금을 챙기는 저금통이란 우스갯소리 때문에 하루 40~50개씩 팔...

노태우씨의 탐욕스런 비자금조성을 풍자한 상품이 인기를 모으고 있다. 위는 비자금을 꿀꺽하는 노씨의 손을 비유한 저금통, 오른쪽은 비자금 주머니를 따로 찰 수 있는 소위 김옥숙 핸드백

○ 비자금 세태 이색상품 불티

7

소비는 소속을 확인한다

소속확인은 오늘날 키치의 소비현상에서 발견할 수 있는 중요한 심리이다. 삶을 이끄는 욕망이라는 이름의 촉수들 속에서 소속확인의 촉수를 발견하는 것 역시 그리 어려운 일이 아니다. 소속확인은 권력의 배치도에서, 혹은 가치의 피라미드에서 정점에 자리하는 것들을 경험하는 무리에 자신이 속하기를 희망하는 심리, 혹은 이미 속해있음을 확인받고 싶어 하는 심리에서 비롯된다. 그것은 심리적 안정감과 관계있다. 일찍이 카웰티는 우리가 가진 모순된 심리에 대해 이야기한 바 있는데, 소속확인을 위한 키치 소비, 혹은 키치적 소비는 그중 안정의 욕구와 관계한다.

우리 내면의 서로 대조적인 두 가지 심리적 욕구를 이해할 필요가 있다. 이 둘은 서로 역동적으로 작용하면서 우리의 정서를 한편으로는 뒤흔들어 놓고 다른 한편으로는 안정시키기도 하는 대중문학의 특정 체험영역을 형성하는 데 중요한 몫을 담당하게 된다.
1. 현대 서구사회의 비교적 규격화되고, 단조로우며, 안일하기만 한 삶의 권태와 무의미함에서 흥미 있고 가열한 체험의 세계로 도피하려는 욕구.
2. 일상에서 끊임없이 우리를 위협하는 불확실, 초조, 죽음, 실연, 전쟁, 좌절감, 박탈감, 압박감 등에서 질서와 안정의 세계로 도피하려는 욕구.[17]

그는 '안정의 욕구'와 '안정에서 도피의 욕구'라는 두 가지 대조적인 마음의 상태가 서로 역동적으로 작용함으로써 대중문학의 체험영역을 형성한다고 보고 있다. 그런데 이러한 대조적인 심리상태는 대중문학의 체험영역에서만 찾아볼 수 있는 것은 아니다. 일상 삶의 다양한 경험들 속에서도 모순된 욕망들이 서로 얽혀있음을 발견할 수 있기 때문이다. 인간은 불확실성과 급격한 변화에 불안함을 느끼며 안정을 갈구하는 몸부림을 보이기도 하지만, 주어진 안정과 질서에 대해서는 지루함을 느끼고 변화를 갈구하기도 한다. 사회심리학자인 에리히 프롬 또한 『자유로부터의 도피』라는 책에서 인간은 끊임없이 자유를 갈망하지만 막상 원하던 자유가 주어졌을 때 다시 구속받기를

원한다고 주장한 바 있다. 이는 카웰티가 말한 모순된 인간의 마음상태와 맥을 같이 하는 것이다.

여기서 안정은 급격한 변화로 인한 혼란 상태에서 우리가 흔히 희망하는 내용이다. 혼란은 우리의 정체성에 대한 확신을 더 이상 가질 수 없게 한다. 인간은 스스로 존재 의미를 묻고, 그 물음에 대한 긍정적인 반응을 통해 삶을 살아가는 존재이기 때문에 이러한 정체성의 혼란을 참아내기 어려운 고통으로 느낀다. 이 때문에 인간은 자신이 어디에 자리하고 있는지를 타자와의 관계 속에서 끊임없이 확인하려 하는 것이다.

소속확인을 위한 키치는 '안정의 욕구'에서 유래하는 것으로, 떠다니는 자신의 몸을 고정시켜줄 타자를 찾아 나선다. 일정한 지섬에 우리의 놈을 고정시켜주는 타자는 더 이상 타자가 아니다. 적어도 우리는 그렇게 믿고 싶어 한다. 소속확인의 키치는 우리가 꿈꾸는 집단의 구성원들이 살아가는 삶의 방식을 취하고, 우리의 몸을 그것들에 고정시킨다. 기쁨과 슬픔을 표현하는 그들의 방식, 연인을 만났을 때 입을 통해 나오는 첫마디, 친구와의 약속장소, 그곳에서 메뉴판과 종업원을 다루는 몸짓, 백화점에서 자연스럽게 시선을 조종하는 능숙함, 이 밖에도 욕망을 채우는 다양한 소비 행태는 더 이상 특정한 이들만의 것이 아니다.

◦ 서로의 동질감 **표현**

오늘날 사물들은 분명 어느 집단에 자신이 속해 있음을 나타내는 기호로 소비된다. 특정 집단을 나타내는 이미지들을 표면에 씌워놓은 사물들의 소유를 통해서뿐만 아니라, 그러한 사물을 소비하는 과정을 통해서도 소속확인의 심리는 충족된다. 전통적으로 이러한 양태를 가장 극명하게 드러내는 것이 패션의 영역이다. 같은 의복으로 하나 됨을 표현하는 것은 동질화를 경험하기 위한 소비의 대표적인 예이다. 교복, 군복, 축구선수의 운동복과 같은 유니폼은 집단적 동질화를 달성하고 결속력을 강화하기 위한 중요한 매개물이다.

일상에서 우리는 동일한 예들을 어렵지 않게 발견하게 된다. 그림에서 거리를 지나가는 두 사람은 서로의 동질감을 의복, 헤어스타일, 가방, 신발 등으로 드러내고 있다. 그들은 TV 가요순위 프로그램에 나오는 2인조 가수처럼 유사하게 차려입었다. 그러나 이 유사성만으로 그 스타일의 의미가 끝나는 것은 아니다. 스타일은 연령, 취미, 계급 등과 같이 더욱 광범위한 것들을 표현하고, 그 체계 속에서 의미를 갖는다. 특정 집단 혹은 계급에 자신이 속해 있음을 드러내기 위해 사물을 소비하는 이러한 행태는 키치적 태도로부터 유래한다. 이것은 한 사회의 상징구조 내에서 유통되는 스타일의 사회적 가치를 소비하는 것으로, 그 순간 대상들은 소속확인을 위한 기호로 작동한다.

일상에서 소속확인에 대한 욕구는 이미지의 소비를 통해서도 채

- 자동차 후면의 대한국인
- 자신이 신세대임을 드러내는 하나의 표현으로 장식된 자동차 내부

워진다. 자동차나 오토바이 뒷부분에서 볼 수 있었던 '대한국인大韓國人'은 안중근 의사가 자신의 애국심을 드러내기 위하여 쓴 것으로 알려져 있다. 그러나 오늘날 이 문구의 소비를 가능하게 하는 것은 희화화한 애국심이다. 희화화한 애국심은 애국심 그 자체가 아닌 애국심의 이미지를 소비한다. 이것은 복제를 통해 유통되면서 또 다른 맥락에서 동질감을 표현하기 위한 수단으로 소비된다. 그것들을 소비하는 이들의 공통점이 바로 그들을 묶어주는 공간이고, 그 공간에 소속됨을 확인하기 위해 그것들의 소비가 이루어지는 것이다. 소속에 대한 욕구를 충족시키기 위한 키치들은 바로 이곳에서 자란다.

    과장된 장식의 침대에서도 자신이 특정 집단에 속해 있음을 확인받으려는 심리를 읽을 수 있다. 이 사물은 과거 서양 귀족의 생활에서나 사용했음직한 과다한 장식의 기호를 통해 소속을 확인하고 있다. 여기서의 장식이 본래 무엇을 의미하고, 어느 시대에 사용되었는가는 중요하지 않다. 고대 그리스의 것이든, 중세 이탈리아의 것이든, 아니면 아프리카 원주민의 것이든 단지 자신의 소속을 확인시켜줄 것 같은 뉘앙스를 풍긴다면 얼마든지 한자리에 존재할 수 있다.

    고가의 제품, 비싼 승용차, 고급 시계 등의 소비에는 어느 정도 소속확인의 심리가 내재한다. 여기에는 "나는 나 자신보다도 타자에 속해있는 것이 아닐까?"[18]라는 라캉의 물음에 대한 긍정적인 응답이 자리하고 있다. 즉, 자신의 소속을 확인하고자 하는 노력은 타자가 그것을 인정할 때 실제화되는 것이다. 다시 말해 나는 사회 속에서 읽혀지

○ 장식된 침대

는 존재이고, 그 내용이 나의 소속을 규정하는 것이다. 그렇다면 소속 확인 키치를 소비하는 행위는 삶이라는 여백에 타자들에 의해 읽혀질 나를 써내려 가는 글쓰기라고 해야 할 것이다.

06
키치 소비의 의미

앞서 우리는 사회에 자리하는 키치적 문화현상들, 그것들이 사물에 반영된 모습, 그리고 그것들의 소비과정 등을 살펴보았다. 이것들로부터 우리는 키치와 키치적 소비가 인간 삶의 자연스러운 모습임을 알 수 있었다. 그렇다면 키치의 소비 및 키치적 소비를 통해 삶의 주체들은 무엇을 말하고, 무엇을 얻고자 하는 것일까?

1

자기 정체성의 확인

존재의 확실성을 자신의 사유思惟에서 찾은 '나는 생각한다, 고로 존재한다'라는 데카르트의 명제는 신에게서 벗어나 근대적 주체로의 이행을 의미하는 복음으로 받아들여졌다. 그러나 데카르트의 이러한 명제만으로는 사회 내에서 실존적 주체임을 증명할 수 없다. 개인의 실존성을 증명하기 위해서는 '나는 다른 사람과 구별되는 나의 변별성을 무엇으로서 획득할 수 있는가?'라는 물음에 답해야 한다. 즉 타인들과의 관계 속에서 '나'의 존재를 규정해야 하는 것이다.

태어남과 동시에 사회 내에서 자신의 위치가 결정되었던 시기가 있었다. 이러한 사회구조 내에서 한 개인의 정체성은 유동적일 수 없었다. 그 시기가 지나고 민주적인 가치가 보편성을 획득하면서, 한 개인은 자신이 어떻게 해볼 수 없는 것에 의해서가 아니라 개인적 능력에 의해 정체성이 결정되었다. 물론 이러한 사회에서 정체성을 규정하는 데에도 장애는 여전히 존재한다. 하지만 이전 시대와 비교해 볼 때, 정체성을 규정하는 내용과 그 가능성은 상당 수준 열려있는 것이 사실이다.

소비사회에서 주체들은 소비를 통하여 자신을 표현한다. 이러한 행위의 이면에는 욕망이라는 강한 추진력이 자리하고 있다. 욕망은 실제 삶에서 분화구의 용암과 같이 멈추지 않고 뿜어져 나온다. 욕망은 충족되면 사라질 것처럼 보이지만, 사실 소멸될 수 있는 성질의 것이 아니다. '욕망하기를 멈추었다'라는 것은 주체의 죽음을 의미한다. 실제 삶에서 인간은 끊임없이 욕망하고, 또한 '욕망 충족의 환영'을 끊임없이 소비함으로써 자신을 드러낸다. 채워지지 않는 욕망과 그럼에도 불구하고 이를 충족하려는 소비행위의 변증법적인 과정을 통해서 '나는 이러한 것을 추구하는 사람'이라고 스스로를 표현하는 것이다. 에리히 프롬은 "나라는 존재는 내가 행동하는 것이다$_{\text{I am what I do}}$"[01]라고 '나'를 정의하였는데, 욕망이 충족될 수 있다는 환상 속에서 이루어지는 소비행위는 그가 이야기하는 '행동'의 한 영역을 차지한다.

오늘날 이러한 욕망 충족의 대상들을 소비하는 모습은 이곳저곳에서 발견된다. 찢어진 청바지, 스포츠카, 수입가구의 소비 등등이 그것인데 이러한 소비행태는 사회에서 소비주체의 정체성을 확인하기 위한 움직임과 관계한다. 그렇다면 사회 내에서 사물은 실제적 기능 이외에 자신의 정체성 확인이라는 역할을 행하고 있는 것이다. 아브라함 몰르는 다음과 같이 주장한다.

사물을 구입하는 것은 기능적 목적 이외의 다른 무엇이 있어서인가?…… 심리 분석을 통해 우리는 사물의 소유라는 개념 뒤에 소유에 대한 강박관념territorial imperative이 존재하고 있음을 알 수 있다. 인간은 세계의 일부분만이라도 자신의 것으로 소유함으로써 자신의 존재를 확인하게 되는 것이다.[02]

자신의 존재를 확인하려는 강박관념이 사물의 소유를 강요한다고 몰르는 주장하고 있다. 나를 확인하고자 하는 욕망과 그 욕망에 기댄 소비는 폭발적인 소비 현상을 설명할 수 있는 하나의 가능성을 보여준다. 그것은 '사용을 위한 소비'가 아닌 '표현을 위한 소비'라고 말할 수 있다. 실제로 현대 사회에서 상품은 자기 정체성을 확인하고 표현하기 위한 중요한 수단으로 자리하고 있다. 철학자인 김진석은 다음과 같이 말한다.

상품은 사용가치도 아니지만 단순히 교환가치도 아니고 일종의 기호로 변신하고 있다. 교환되기를 거부하는 또는 교환가치의 형태로는 교환되지 않고 상품 이전의 물질의 차원으로 되돌아가려는 기호: 일부러 기우고 찢어놓은 청바지. 또는 자신의 자본주의적 생산성 및 상품성을 스스로 드러내면서 그것을 통과하는 기호: '서태지와 아이들'에서 딱지를 그대로 유지하고 드러내는 옷이나 액세서리들.[03]

오늘날 키치 사물 및 사물의 키치적 소비는 자기 정체성의 확인이라는 사회·문화적 의미를 지닌다. 이는 사물이 자신을 드러내는 하나의 기호로 자리하고 있기 때문에 가능한 것이다. 향수적 키치의 모습에서와 같이 과거에 대한 그리움을 통해 과거로부터의 나를 정의하기도 하고, 과시적 키치에서와 같이 자신의 부나 신분을 사물을 통해 표현함으로써 현재의 나를 드러내기도 한다. 지루한 일상 현실의 모습에서 이탈하는 놀이적 키치 역시 상상을 통해 남과 다른 자신만의 취향을 드러낸다.

소속을 확인하는 모습의 키치는 정체성을 가장 극명하게 드러내는 소비행태라 할 수 있다. 왜냐하면 사회 내에서 소비 주체가 어디에 위치하는가를 가장 직접적으로 보여주기 때문이다. 즉 소비 주체인 '나'라는 존재가 키치 사물 및 키치적 소비를 통해 소속을 확인하고자 하는 집단이 바로 사회 내에서 타자의 시선에 의해 읽히기를 바라는 '나'인 것이다.

2

욕망과 소외의 해소

소외란 어떤 것에서 멀어져 낯설어짐을 의미한다. 사회적으로 '소외된 상태'가 상실, 불만족, 결여, 왜곡의 상황을 지칭하는 것이라면 거기에는 소외 이전의 '소외되지 않은 상태'가 존재한다고 할 수 있다.[04] 따라서 '소외의 해소'는 멀어져 있는 상황을 다시 가까운 상태로 만드는 움직임을 의미하는 것이다.

키치 사물 및 키치적 소비를 통한 소외의 해소는 마르크스적 의미의 소외 해소와는 차이가 있는 것이다. 왜냐하면 키치를 통한 소외의 해소는 환경의 장애 때문에 인간의 욕구를 억압시키고 있는 현실로부터 심리적 이탈을 의미하기 때문이다. 소외에 대한 고찰은 소외되지 않은 상태로서 인간의 욕구에 대한 이해가 선행해야 하는데, 일찍이 에리히 프롬은 생리적 욕구와는 구별되는 다섯 가지 기본적인 사회적 욕구를 제시한 바 있다. 이는 인간 본성을 찾기 위한 그의 사회학적 연구에서 유래하는 것인데, 그 내용은 다음과 같다.

1. 연관성에 대한 욕구
2. 초월에 대한 욕구
3. 귀소의 욕구
4. 정체감에 대한 욕구
5. 정향과 헌신의 테두리에 대한 욕구 [05]

소외란 위 인간의 욕구를 사회 내에서 충족하지 못함에서 오는 심리적 불안이라 할 수 있다. 키치 사물 및 키치적 소비는 이러한 사회적 욕구를 충족시켜 줌으로써 소외를 해소한다. 우선 연관성에 대한 욕구에 대하여 에리히 프롬은 "살아있는 타인과 결합하고 그들과 관계를 가져야 할 필요성은 피할 수 없는 욕구"라고 말한다. 인간은 고립되어

○ 현실도피 심리가 '왕자님' 환상 부른다 「경향신문」, 1997년 2월 10일자
○ 정향과 헌신의 욕구

현실도피 심리가 '왕자님' 환상 부른다

여고생들 왜 로맨스문화에 빠지는가

로맨스는 「현대여들이 만들어낸 신화」,「백마 탄 왕자」를 만나 첫사랑에 빠지고 결혼에 이르러 영원히 행복하게 산다는 줄거리는 「백일몽」이 아닐까.

여걸서부터 「풍뎅팔자」「신데렐라」 「장자는 숯속의 공주」「연아공주」「미녀와 야수」등 왕자급 남자가 여성의 모든 불행을 한순간에 해결해주는 낭만적 사랑이 야기의 새래를 받으며 자라고 커서 그런 내용의 영화 소설 드라마 홍수 속에서 산다.

여성학자들이 로맨스를 「여성억압의 근본원인」이라고 피력하는 것도 이 때문이다. 연사람에는 「짧은 연애는 마지막 연애」라는 편박한 심정에서 애인과를 매달리고, 결혼에서는 남편에게만 매달려 가부장제를 고차시키는 구실을 한다는 분석이다.

로맨스문화는 우리나라만의 문제도, 요즘만의

허약한 문화, 학교·사회와의 거리감 자기분열이 찾은 졸속적인 돌파구 건전한 이성교제의 장 마련해 줘야

문제도 아니다. 그런데 외 우리나라 여성들은 서양에서 만든 사랑이야기가 서양사람보다 더 감격하고 도벌합까. 특히 여고생들은 왜 「자기가 맞어 있는 줄 모르는 물고기」에 비유될 만큼 로맨스문화에 빠져 있을까.

연세대 조혜정교수(49·사회학)는 「결혼, 사랑, 롬」이다.

또 문화산업 관계자는 여성들의 그런 심리를 들 궁어주고, 여성들은 그런 「공포」에 자발적으로 참여해서 지금에 이르렀다는 해석이다.

여고생들이 로맨스문화의 「포로」가 되는 이유에 대해 신경정신과 전문의 이나미씨(35)는 「여학생들이 이혼현금 피곤하기 때문」이라는 의견을 내놓는다. 이씨는 「청소년들은 학교·사회제도가 자신의 의식과 동떨어지는 것에 대해 분열감을 느끼며 불안해한다. 그들은 로맨스문화를 통해 현실도피를 하게 된다」고 분석한다.

한 여고생이 도서대여점에서 로맨스소설을 고르고 있다.

관련 한국가족상담교육연구소 정원(36)도 「로맨스문화는 자신의 능력에 맞춰야 하는 청소년 시기를 맞이해는 노력으로 보내야 할 수도 있들어 이혼률이 급증하는 것도, 남편이 꺼지는 것 등 무관하지 않다」고.

여학생은 로맨스문화, 남학생은 성과 사랑을 배우는 우리사회, 여혼 공개적인 이성교제의 꿈을 마련해 줄 청소년 성문화가 바로잡힐 것이라는 이다.

／ 글 강중식·사진

서는 살 수 없는 사회적 존재이다. 인간의 다양한 사회적 활동 및 관계는 이러한 사회적 본능의 충족을 위한 움직임인 것이다. 사회 내에서 인간은 자신이 속한, 혹은 소속되기를 원하는 사회와 집단의 일원임을 나타내기 위하여 다양한 상징들을 소비함으로써 고립이라는 소외된 상태에서 벗어나 자신이 사회와 연관된 존재임을 확인받으려 한다.

  두 번째 초월에 대한 욕구는 현실의 무료함에서 벗어나려는 움직임과 관계하는데, 인간은 자신만이 가지는 놀이 태도로서 이 욕구를 해소한다. 놀이 태도는 실제와 환상의 변증법적 동시체험에서 유래한다. 놀이를 통한 현실로부터의 벗어남은 현실의 무료함을 달래고 계속해서 삶을 살아갈 힘이 된다. 유희적인 키치 사물은 이러한 현실의 무료함에서 벗어나려는 욕구를 충족시켜준다.

  세 번째 귀소의 욕구는 과거의 안락한 거처를 향한 바람이라고 할 수 있다. 현대를 살아가는 인간은 항상 자신의 뿌리를 그리워하고, 그러한 그리움의 심리를 키치적 소비를 통해 해소하려 한다. 산업화와 도시화가 심화될수록 과거로의 귀소 움직임은 더욱 두드러진다. 향수적 키치에는 과거의 존재를 통해 오늘의 나를 확인하려는 심리와 더불어, 인간이 본래 갖고 있는 귀소의 욕구를 해소하려는 심리가 자리한다.

  네 번째로 인간은 정체성에 대한 욕구를 갖는다. 인간은 자신을 일정한 사회 내에 위치시키려는 욕구와 함께 타자와는 구별되는 자신만의 모습을 형성시키려 한다. 사회 내에서 이러한 정체성을 확인받기 위해 말투, 매너, 행위 등과 같은 매개가 사용되는데, 키치적 사물의 소비나 키치적 소비가 동원되기도 한다. 즉, 한 집단의 상징물의 소비를 통해서, 혹은 자신만의 독특한 소비행위를 통해서 사회 내에서 자신의 정체성을 획득하는 것이다. 이러한 맥락에서 고가의 제품 소비를 통해 일반인들과의 구분을 시도하는 상류층의 소비 행태는 자신들의 정체성을 확인하려는 키치적 행위라고 할 수 있다.

　마지막으로 정향과 헌신의 테두리에 대한 욕구는 세계 내에서 자신의 존재와 지위에 의미를 부여할 수 있는 헌신의 대상을 추구하고, 그것을 합리화하려는 욕구를 말한다. 자신이 중요하게 여기는 이념이나 가치를 위한 사회적 활동뿐만 아니라, 골동품의 수집 등과 같이 사물의 특별한 소비 과정도 이 영역에 해당된다. 키치는 수집의 대상으로 존재함으로써 이러한 욕구 해소에 관계하는 것이다.

3

구별짓기

사회 내에서 차이는 피할 수 없는 구조적 결과임과 동시에 인간 본성의 결과이다. 문화적으로 이러한 차이는 취향에 의해서 드러난다. 왜냐하면 취향이야말로 다른 사람에게 의미할 수 있는 모든 것의 원리이기 때문이다. 이를 통해 사람들은 스스로를 구분하며, 다른 사람들에 의해 구분된다.[06] 피에르 부르디외는 취향의 사회학에 대한 논의에서 '아비투스'라는 개념을 제시한 바 있다. 부르디외는 아비투스의 역할에 대해 다음과 같이 말한다.

상이한 생활 조건은 상이한 아비투스—간단한 전이를 통해 극히 다양한 실천의 영역에 적용 가능한 발생 도식들의 체계—를 생산하기 때문에, 상이한 아비투스에 의해 생성된 실천은 차별적 격차 체계의 형태로 생활조건 안에 객관적으로 각인되어 있는 차이를 표현하는 특성들의 체계적인 배치도처럼 보인다.[07]

서로 다른 생활 조건은 서로 다른 아비투스를 만들어 내고, 그 아비투스를 기반으로 이루어지는 개개의 실천은 사회 내에서 차이를 구체화한다. 아비투스는 취향과 밀접한 관계를 가지면서 오늘날 문화 내에서 주도적인 추진력으로 자리하고 있다. 심지어는 실제 삶에서 이성과 합리성을 지배하는 모습까지 보여 준다. 취향은 역사와 특수한 조건의 산물로, 유사한 배경의 사람들을 묶어준으로써 그들을 다른 배경의 사람들과 구별 짓는 역할을 한다. 이는 실제 행위를 통해 구체화되는데, 오늘날 큰 비중을 차지하는 것 중의 하나가 사물의 소비다. 소비는 취향에 바탕을 두고 취향을 드러낸다. 이 과정에서 상품은 소비재라기보다는 상징적 기호가 된다. 기호로 상품이 존재하는 공간에서 소비자는 상품을 소비하는 것이 아니라, 상징적 기호와 그 이미지를 소비한다.

사회 내에서 구별짓기를 목적으로 한 상품의 소비는 그 자체로 키치적이다. 이는 키치가 본래적 내용 외에 다른 내용들이 결합된 중층적 모습으로 존재하기 때문만이 아니라, 사회적 가치를 포함하며 존재하기 때문이다. 실제로 오늘날 구별짓기를 목적으로 한 키치적 소비, 혹은 키치 사물들은 상징을 통한 사회적 기능이 본래적 기능에 부과된 모습을 보여주고 있다.

　키치 사물 및 사물의 키치적 소비에서 '과시'의 심리는 구별짓기라는 사회적 움직임을 만들어낸다. 사회 내에서 남과 다른 독특한 부분(부, 젊음, 교육 수준, 직업, 지위 등)은 우월감과 함께 과시로 이어진다. 문화적 헤게모니를 장악한 계급은 그들의 아비투스에 의해 여타의 계급과의 구별짓기를 시도하고, 이를 통해 얻어진 것을 과시함으로써 차이를 정당화하는 것이다. 나머지 계급은 자신들이 느끼는 결여의 심리를 해소하기 위하여 직접 차이표시 기호를 소비하기도 하지만, 주로 차이표시 기호의 이미지를 소비한다.

　사회 내에서 기호를 통한 구별짓기는 다음과 같은 메커니즘으로 작동한다. 우선 구별짓기를 원하는 이들에 의해 특정 대상, 혹은 행위는 차이표시 기호로서 지위를 획득한다. 이것은 사회 내에서 실제로 힘을 발휘하게 되어 그 기호를 소유한 자와 그렇지 못한 자를 구분한다. 이러한 기호를 소유하지 못한 자는 차이표시 기호의 이미지를 소비함으로써 자신의 결여로부터 벗어나고자 한다. 이러한 과정이 일반화되었을 때, 다시 말해 차이를 드러내는 사물을 누구나 소비하는 상황이 되었을 때, 그 기호는 차이표시 기능을 상실하게 되는 것이다. 이러한 상황이 오면 구별짓기를 바라는 이들은 또다시 자신들을 구별지어줄 새로운 기호를 찾아 나선다. 구별짓기 메커니즘에서는 대상의 변화만 있을 뿐, 그 구조는 변하지 않고 반복된다. 벗어나기와 가까이하기의 끊임없는 운동이 하나의 메커니즘을 형성하면서 소비과정에 자리하는 것이다.

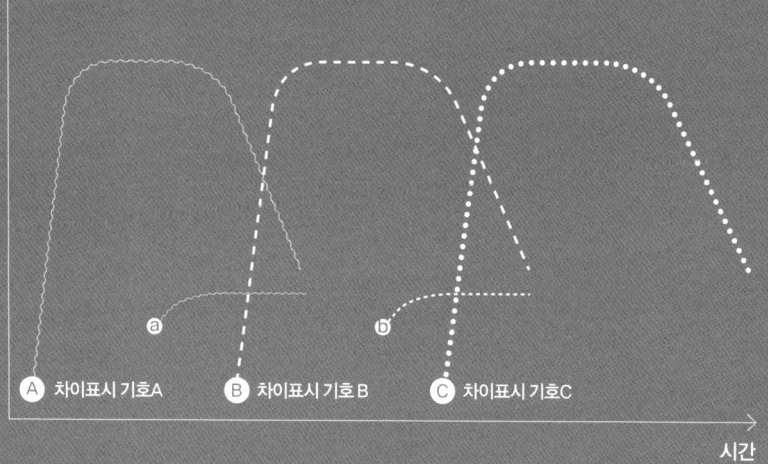

차이의 표시 메커니즘

내 곁의 키치 | 키치 소비의 의미

◦ 티내기

o 주석

1장 삶에서 디자인 보기

1. 디자인에 대한 메타 담론이란 디자인행위와 직접 관련된 담론들이 아니라, 그 담론들에 대한 분석과 비평적 담론을 의미한다. 디자인 분야가 하나의 학문으로서 자리 잡기 위해서는 이러한 메타적 논의들이 활성화되어야 한다. 왜냐하면 이것이야말로 영역의 내용과 문제를 구획하고, 그로부터 체계를 이론적으로 발전시켜 나아가는 최초의 시발점이기 때문이다. 결국 디자인에 대한 메타 담론은 학문적 논의를 지향하는 '디자인 담론에 대한 담론'인 것이다. 디자인 담론의 차원에 대해서는 John A. Walker, 정진국 역, 『디자인의 역사』, 까치, 1995, pp.32-35를 참조하시오.
2. John A. Walker, 정진국 역, 『디자인의 역사』, 까치, 1995, p.42

3. Richard E. Palmer, 이한우 역, 『해석학이란 무엇인가』, 문예출판사, 1988, p.321
4. 『디자인』 2010년 9월호에는 독일의 미디어 에이전시인 키르허부르크하르트KircherBurkhardt GmbH에 대한 기사가 소개되었다. 이 기사에서 흥미로운 것은 디자인의 한 영역인 인포그래픽스를 "무질서한 정보를 이야기로 만드는 마술"이라고 표현하고 있다는 점이다. 이는 디자인을 마술로 보는 움직임이 여전히 계속되고 있다는 것을 보여준다.
5. 이 그림이 굿 디자인 선정집의 표지에 자리하는 것은 어떻게 생산 중심적 이데올로기가 굿 디자인이라는 제도를 통해 삶이라는 사용의 영역으로 이전되고, 유포되고 있는지를 드러낸다. 자세한 내용은 오창섭, 「굿 디자인의 기준 문제 있다」, 『디자인』, 1996년 1월호, p.178를 참조하시오.
6. 처음 이 책이 출판된 1997년의 상황과는 달리, 최근 이러한 상황은 변화하고 있는 것 같다. 새로운 디자인 보기의 방식들이 디자인 담론의 장에 등장하기 시작한 것이다. 그럼에도 여전히 그러한 모습들은 주류 담론에서 소외된 모습을 보이고 있다는 한계를 가진다.
7. 기업은 이윤추구라는 목적을 위해 존재한다. 그래서 장기적이든 단기적이든 이 목적에 부합하지 않는 일체의 것들은 생산의 영역에서 존재가치를 상실한다. 생산의 영역에 디자인이 존재한다는 것은 이러한 목적에 봉사하는 수단으로 존재한다는 것을 의미한다.
8. 이 책이 처음 출간된 1990년대 말까지만 히디라도 극장 앞에는 상영 중인 영화를 홍보하기 위한 커다란 그림이 걸려 있었다. 예술계에 속한 화가들은 그러한 그림을 간판 그림이라는 이름으로 비하하며 자신들이 하는 활동과 거리를 두려 하였다. 하지만 시간이 지나 복합상영관과 실사출력 기술이 발달하면서 그러한 그림판들을 더는 찾아볼 수 없게 되었다. 그뿐만 아니라 2000년대 중반 이후 유행한 공공디자인은 그 이전까지 무관심의 대상이었던 간판을 디자인의 대상으로 만들었다. 이 역시 십수 년 전과 비교했을 때 변화된 디자인계의 모습이다.
9. 보드리야르Jean Baudrillard는 생산물과 물건을 구분하였다. 생산물은 사물을 경제논리에 따라 규정하는 개념이라면, 물건은 삶과 문화의 논리에 따라 사물을 규정하는 방식이다. 다음은 이 개념에 대한 그의 구체적 설명이다. "산업사회조차도 여전히 생산물만 알고 있지 물건은 모른다. 물건은 기능/기호로서 명백히 해방됨으로써만 진실로 존재하기 시작하며, 이 해방은 우리들이 '기술-문화'라고 부를 수 있을 글자 그대로 산업적인 이 사회의 급격한 변화와 더불어서만, 야금술적 사회에서 기호술적 사회로의 이행과 더불어서만… 다시 말해서 생산물 및 상품의 지위를 넘어(생산·유통, 그리고 경제적 교환의 양식을 넘어) 물건의 의미 목적성, 전언 및 기호로서의 지위(의미작용, 의사소통, 그리고 교환/기호의 양태)에 관한 문제가 제기되기 시작할 때… 일어난다." Jean Baudrillard, 이규현 역, 『기호의 정

치경제학 비판』, 문학과지성사, 1993, p.211
10. 롤랑 바르트는 다음의 일화를 그의 책인 『기호의 제국』에서 제시하였다. "어떤 선사가 정의(부채란 무엇인가?)를 잘 내리는 사람에게 상을 주었는데, 선사는 아무 말도 하지 않고 몸짓으로만 기능을 보여주는 사람(부채질하는 것)에게 상을 주지는 않았다. 그 대신 선사는 연쇄적으로 일탈적인 창조행위(부채를 접어서 목을 긁고, 다시 펴서 과자를 그 위에 얹어 선사에게 주는 것)를 하는 사람에게 상을 주었다." Roland Barthes, 김주환·한은경 역, 『기호의 제국』, 민음사, 1997, p.100
11. 이 책에서는 사용 행위를 창조적 과정으로 바라보고 있다. 이 과정과 사물이 제작되는 과정을 구분하기 위해, '제1 창조 과정'이라는 용어로 생산의 영역에서 이루어지는 디자인과정을 지시하고 있다. 물론 '제2 창조 과정'은 사용 과정에서 발견할 수 있는 창조적 모습들을 칭한다.

2장 말을 거는 일상의 사물들

1. Leslie A. White, 이문웅 역, 『문화의 개념』, 일지사, 1993, p.10
2. Ferdinand de Saussure, 최승언 역, 『일반 언어학 강의』, 민음사, 1994, p.27
3. 기호에 대한 연구는 거의 같은 시기에 미국의 철학자 퍼어스C.S. Peirce에 의해서도 이루어졌다. 그는 소쉬르와는 달리 기호가 3가지 요소로 구성된다고 보았다. 기호, 그것과 연결된 이미지, 그리고 실제 대상을 구분한 것이다. 그는 더 나아가 기호의 세 가지 국면을 이야기했는데, 도상icon, 지표index, 상징symbol이 바로 그것이다. 여기서 도상기호란 보는 과정만으로도 인식되는 것으로, 사실적인 그림이나 동상 등이 여기에 해당한다. 도상기호를 판단하는 데에는 실제와의 유사성이 중요한 기준으로 작용한다. 지표기호는 인과관계를 해석해냄으로써 인식되는 것으로, 연기와 불의 관계, 증상과 병의 관계가 여기에 해당한다. 마지막으로 상징기호는 관습화된 내용을 학습함으로써 이해되는 것으로, 어떤 문화를 형성하는 데 중요한 요소라 할 수 있다. 상징기호의 예로는 말이라든지 숫자 등이 있을 수 있다.
4. '자의성'이라는 개념으로부터 우리는 소쉬르가 퍼어스가 이야기한 기호의 세 가지 국면 중 상징symbol기호만을 그의 연구 대상으로 삼았음을 알 수 있다.
5. 엄밀히 말한다면, 약속이라는 은유는 여기서 적합하지 않을 수도 있다. 왜냐하면 일반적으로 약속

은 상호 간의 합의를 전제하는 것이기 때문이다. 여기에서 '약호'는 구체적 합의과정이 아니라, 역사를 통해 자연스럽게 구체화된다.

6. John A. Walker, 정진국 역,『디자인의 역사』, 까치, 1995, p.204
7. Bernard Toussaint, 윤학로 역,『기호학이란 무엇인가』, 청하, 1993, p.74
8. Roland Barthes, 정현 역,『신화론』, 현대미학사, 1995, p.7
9. Roland Barthes, 같은 책, p.28
10. 여기서 '잉여소비'는 필요를 넘어선 소비를 칭한다. 그러나 실제 삶에서 그렇지 않은 소비와 잉여소비를 구별하기는 쉽지 않다. 왜냐하면 필요라는 것이 연료탱크에 연료를 채우듯이 채워지고 말고 하는 문제가 아니기 때문이다. 잉여소비와 그렇지 않은 소비는 실제 삶에서 혼재된 모습으로 존재한다. 그것은 어떤 경계를 기준으로 명확히 구별될 수 있는 것이 아니다.
11. Roland Barthes, 같은 책, p.51
12. 포틀래치는 아메리카 인디언의 일부 종족에서 행해졌다. 한 부락의 추장이 다른 부락 추장을 초대하는 기회에 자기가 가진 재산 일부를 파괴함으로써 자신의 부와 힘을 과시하는 소비행태를 말한다.
13. Abraham Moles, 엄광현 역,『키치란 무엇인가』, 시각과언어, 1994, p.101
14. 김경룡,『기호학이란 무엇인가』, 민음사, 1994, pp.190-191
15. Roland Barthes, 같은 책, pp.69-70
16. George Basalla, 김동광 역,『기술의 진화』, 까치, 1996, p.11
17. Jean Baudrillard, 이상률 역,『소비의 사회』, 문예출판사, 1991, p.104
18. 강준만,「우리는 왜 유행에 약하나」,『지성과 패기』, 1995년 3-4월, p.144
19. Alvin Toffler, 이규행 역,『제3의 물결』, 한국경제신문사, 1993, p.198
20. Wolfgang Fritz Haug, 김문환 역,『상품미학비판』, 이론과실천, 1991, p.9
21. John Berger,「광고 이미지와 소비문화」, 최민 역,『시각과 언어』, 열화당, 1988, p.151
22. Jacques Lacan, 민승기/ 이미선/ 권택영 역,『욕망이론』, 문예출판사, 1995, p.81
23. Stuart Ewen, 백지숙 역,『이미지는 모든 것을 삼킨다』, 시각과언어, 1996, p.38
24. Jean Baudrillard, 같은 책, p.43
25. 그랜트 맥크래켄은 소비제품은 용도적 가치나 상업적 가치를 넘어서는 중요한 점을 가지고 있는데, 그것은 바로 문화적 의미를 소통하고 운반하는 능력이라고 지적함으로써 사물들이 의미체계 내

에서 유통되고 있음을 확인하였다. 자세한 내용은 Grant McCracken, 『Culture and Consumption』, Bloomington and Indianapolis: Indiana University Press, 1988, p.71를 참조하시오.

3장 사용의 관점에서 본 사물의 의미

1. 일정한 거리를 빠르고 편리하게 이동하고자 하는 필요가 자동차를 출현하게 하였고, 구겨진 옷을 편리하게 펴기 위한 필요가 다리미를 출현시켰다는 식의 설명이 이러한 예에 해당된다. 여기에는 필요와 기능이 명확한 함수관계를 이루며 존재하는데, 그 명확함을 위해서는 필요와 기능을 구체화함에 있어 삭제와 환원, 그리고 일반화의 움직임이 필수적이다.
2. Dick Hebdige, 이동연 역, 『하위문화』, 현실문화연구, 1998, p.140
3. 딕 헵디지는 인류학적 개념인 브리콜라주를 하위문화의 스타일을 설명하는 용어로 끌어들였다. 브리콜라주는 각각의 사물들, 혹은 이미지들을 탈맥락화하여 재배치함으로써 새로운 스타일을 만들어 내는 행위를 칭한다. Dick Hebdige, 같은 책, pp.141-145 참조.
4. Erich Fromm, 박갑성/ 최현철 역, 『자기를 찾는 인간; 윤리학의 정신분석학적 탐구』, 종로서적, 1991, pp.17-18
5. Jean Baudrillard, 이규현 역, 『기호의 정치경제학 비판』, 문학과지성사, 1993, p.227
6. 정시화, 『현대 디자인 연구』, 미진사, 1987, pp.34-35
7. Jean Baudrillard, 같은 책, p.226
8. 이병종, 「확장된 기능주의 이론 분석」, 『디자인학연구』, 한국디자인학회 편, 1996, no.17, p.10
9. Bernd Löbach, 신수길 역, 『공업디자인 개론』, 미진사, 1981, pp.50-62
10. Daizaburo Okita, 박대순 역, 『산업디자인』, 도서출판 국제, 1995, p.33
11. Victor Papanek, 현용순/ 이은재 역, 『인간을 위한 디자인』, 미진사, 1991, pp.19-20
12. Konrad Lorenz, 김종호 역, 『현대의 대죄』, 삼성미술문화재단, 1984, p.57
13. Janet Wolf, 이성훈 역, 『미학과 예술사회학』, 이론과실천, 1994, p.84
14. Janet Wolf, 이성훈/ 이현석 역, 『예술의 사회적 생산』, 한마당, 1992, p.192

15. 박성봉, 『대중예술의 미학』, 동연, 1996, p.123
16. Jean Baudrillard, 같은 책, p.23
17. Bernd Löbach, 신수길 역, 『공업디자인 개론』, 미진사, 1981, p.91
18. 소두영, 『상징의 과학 기호학』, 인간사랑, 1993, p.369
19. Jean Baudrillard, 배영달 역, 『사물의 체계』, 백의, 1999, pp.275-276
20. 소두영, 같은 책, pp.150-151
21. 「외제차 타고 다녀 증오」, 『중앙일보』1996년 10월 30일 자 사회면 기사
22. Jean Baudrillard, 같은 책, p.135
23. Umberto Eco, 서우석 역, 『기호학 이론』, 문학과지성사, 1985, pp.14-15
24. Jean Baudrillard, 이상률 역, 『소비의 사회』, 문예출판사, 1991, pp.120-121
25. Bernd Löbach, 같은 책, pp.93-94

4장 키치의 이해

1. K. 해리스, 오병남/최연희 역, 『현대미술: 그 철학적 의미』, 서광사, 1988, p.123.
2. M. 칼리니스쿠, 이영욱외 역, 『모더니티의 다섯 얼굴』, 시각과언어, 1994, p.292.
3. 클레멘트 그린버그, 「아방가르드와 키치」, 『현대미술비평 30선』, 중앙일보사, 1987, p.283
4. 클레멘트 그린버그, 같은 책, p.283.
5. 아놀드 하우저, 최성만/이병진 역, 『예술의 사회사』, 한길사, 1990, p.249.
6. 딕 헵디지, 이동연 역, 『하위문화』, 현실문화연구, 1998, p.23. 딕 헵디지는 이 책의 제1장 '문화'라는 단원을 통해 '탁월함의 표준으로서의 문화'와 '총체적 삶의 방식으로서의 문화'가 어떻게 갈등하고 통합되었는지에 대해 이야기하고 있다. 자세한 내용은 같은 책 pp.22-26을 참조하시오.
7. 밀란 쿤데라, 송동준 역, 『참을 수 없는 존재의 가벼움』, 민음사, 1992, p.308.
8. 밀란 쿤데라, 같은 책, p.308.
9. 움베르트 에코, 조형준 역, 『스누피에게도 철학은 있다』, 새물결, 1994, p.139.

10. 아브라함 몰르, 엄광현 역, 『키치란 무엇인가』, 시각과언어, 1995, p.12.
11. 아브라함 몰르, 같은 책, p.27.
12. 우나미 아키라, 이순혁 역, 『유혹하는 오브제』, 도서출판 국제, 1994, p.64.
13. Gillo Dorfles, 『Kitsch: The World of Bad Taste』, Universe Books, 1975, p.15.
14. 우나미 아키라, 같은 책, pp.66-67.
15. M. 칼리니스쿠, 이영욱외 역, 『모더니티의 다섯 얼굴』, 시각과언어, 1994, p.315
16. 아브라함 몰르가 제시한 일곱 가지 유형은 금욕적 유형, 쾌락주의적 유형, 공격적 유형, 소유욕의 유형, 초현실주의적 유형, 기능주의적 유형, 키치적 유형이다.
17. 아브라함 몰르, 같은 책, pp.38-47
18. M. 칼리니스쿠, 같은 책, p.317
19. M. 칼리니스쿠, 같은 책, p.294
20. Robert C. Solomon, "On Kitsch and Sentimentality", The Journal of Aesthetics and Art Criticism, vol.49, no.1, winter 1991, p.5.
21. M. 칼리니스쿠, 같은 책, p.305에서 재인용.
22. 아브라함 몰르, 같은 책, pp.82-90.
23. 김소연, 『키치연구: 사회문화론적 접근』, 홍익대학교 석사학위논문, 1994, pp.47-48.
24. 아브라함 몰르, 같은 책, pp.81-82.
25. Pete Ward, 『Fantastic Plastic: The Kitsch Collector's Guide』, Chartwell Books, 1997, p.12.
26. M. 칼리니스쿠, 같은 책, p.284.
27. 에드워드 루시-스미드, 전경희 역, 『팝아트』, 열화당, 1995, p.8.
28. 에드워드 루시-스미드, 같은 책, p.7.
29. 로즈메리 람버트, 이석우 역, 『20세기 미술사』, 열화당, 1994, p.94.
30. 이기봉, 『팝아트에 있어서 표현기교의 특수성에 관한 연구』, 서울대학교 대학원 석사학위 논문, 1986, p.17.
31. 진중권, 『미학 오디세이 2』, 새길, 1996, p.174.
32. Nelson Goodman, 『Ways of Worldmaking』, Cambridge: Hackett Publishing co., 1978, pp.66-67.
33. 에드워드 루시-스미드, 같은 책, p.10에서 재인용.
34. 롤랑 바르트, 김인식 편역, 『이미지와 글쓰기』, 세계사, 1997, pp.49-50.

35. 롤랑 바르트, 같은 책, p.59.
36. 에드워드 루시-스미드, 같은 책, pp.10-11.
37. Mark Booth, 『Camp』, London: Cameron Books, 1983, p.23.
38. 마크 부스, 같은 책, p.20.
39. 수잔 손탁, 백한울 역, 「캠프에 관한 노트」, 『아트 앤 크래프트』, 1992년 10월호, p.37.
40. Peter Ward, 『KITSCH in sync: a consumer's guide to bad taste』, London: Plexus Publishing, 1991, p.6.
41. 피에르 부르디외, 최종철 역, 『구별짓기: 문화와 취향의 사회학』, 새물결, 1995, pp.27-28.
42. 임마누엘 칸트, 김상현 역, 『판단력 비판』, 책세상, 2005, pp.26-27.
43. 쟈네트 월프, 이성훈/이현석 역, 『예술의 사회적 생산』, 한마당, 1992, p.184.
44. 메를로 퐁티, 오병남 역, 『현상학과 예술』, 서광사, 1983, p.103.
45. 존 스토리John Storey, 박모 역, 『문화연구와 문화이론』, 현실문화연구소, 1995, pp.14-18.
46. 피에르 앙사르, 정수복 역, 『현대 프랑스 사회학』, 문학과지성사, 1994, p.79.
47. 피에르 앙사르, 같은 책, p.141.
48. 장 보드리야르, 이상율 역, 『소비의 사회』, 문예출판사, 1991, p.155.
49. 피에르 부르디외, 같은 책, p.29.
50. 존 스토리, 같은 책, p.19.
51. 박성봉, 『대중예술의 미학』, 동연, 1996, p.33에서 재인용.
52. 유하, 『바람부는 날이면 압구정동에 가야한다』, 문학과지성사, 1993.

5장 삶은 욕망을 따른다: 키치 소비에 내재한 심리

1. 예술작품의 경우에 진품이 가지는 유일무이한 가치, 혹은 분위기를 칭한다. 발터 벤야민Walter Benjamin은 기계복제시대의 예술을 다루면서 아우라의 상실에 대해 이야기하였다.
2. 에리히 프롬, 박갑성/최현철 역, 『자기를 찾는 인간: 윤리학의 정신분석학적 탐구』, 종로서적,

1991, p.41.
3. 프레드릭 제임슨, 윤호병 역, 「포스트모더니즘과 소비사회」, 할 포스터 Hal Foster, 『반미학』, 현대미학사, 1994, p.184
4. Norman Bryson, 『Vision and Painting: The Logic of Gaze』, Yale University Press, 1983, pp.1-3
5. 자크 라캉, 민승기/이미선/권택영 역, 『욕망이론』, 문예출판사, 1995, p.35.
6. 박성봉, 『대중예술의 미학』, 동연, 1996, pp.309-310.
7. 버나드 샤라트, 박성봉 역, 「대중연극에서 대중적인 것의 정치학」, 『대중예술의 이론들』, 동연, 1995, p.179.
8. 박성봉, 『대중예술의 미학』, 동연, 1996, p.306에서 재인용.
9. 박성봉, 같은 책, p.290
10. 박성봉, 같은 책, p.294
11. J. G. 카웰티, 박성봉 역, 「도식성과 현실도피의 문화」, 『대중예술의 이론들』, 동연, 1995, p.103.
12. 강준만, 『고독한 대중』, 개마고원, 1996, pp.53-54.
13. 장 보드리야르, 이상률 역, 『소비의 사회』, 문예출판사, 1991, p.198.
14. 장 보드리야르, 「커뮤니케이션의 무아경」, 할 포스터, 『반미학』, 현대미학사, 1994, p.206.
15. 린다 허천 Linda Hutcheon, 김상구/윤여복 역, 『패러디 이론』, 문예출판사, 1995, p.82.
16. 상호 텍스트성이란 텍스트들이 인용, 모방 등에 의해 서로 뒤섞이는 상태를 지칭한다.
17. J. G. 카웰티, 「도식성과 현실도피의 문화」, 박성봉 역, 『대중예술의 이론들』, 동연, 1995, p.88.
18. 자크 라캉, 같은 책, pp.88-89.

6장 키치 소비의 의미

1. 에리히 프롬, 박갑성/최현철 역, 『자기를 찾는 인간: 윤리학의 정신분석학적 탐구』, 종로서적, 1991, p.67
2. Abraham Moles, 「The Comprehensive Guarantee: A New Consumer Value」, Victor

Margolin(ed.), 『Design Discourse』, Chicago: The University of Chicago Press, 1989, pp.86-87
3. 김진석, 『초월에서 포월로』, 솔출판사, 1994, p.149
4. 정문길, 『소외론 연구』, 문학과지성사, 1985, pp.213-214
5. 정문길, 같은 책, pp.132-138, 재인용.
6. 피에르 부르디외, 최종철 역, 『구별짓기 : 문화와 취향의 사회학』, 새물결, 1995, p.103
7. 피에르 부르디외, 같은 책, pp.279-281

◦ 참고문헌

국내 서적

강길호 · 김현주, 『커뮤니케이션과 인간』, 한나래, 1995.
강명구, 『소비대중문화와 포스트모더니즘』, 민음사, 1993.
강준만, 『고독한 대중』, 개마고원, 1996.
권택영, 『영화와 소설 속의 욕망이론』, 민음사, 1995.
김경룡, 『기호학이란 무엇인가』, 민음사, 1994.
김문겸, 『여가의 사회학』, 한울, 1993.
김민수, 『모던디자인 비평』, 안그라픽스, 1994.

김진석, 『초월에서 포월로』, 솔, 1994.
박성봉, 『대중예술의 미학』, 동연, 1996.
박재환, 『일상생활의 사회학』, 일상성·일상생활연구회 편, 한울, 1994.
소두영, 『상징의 과학, 기호학』, 인간사랑, 1993.
유하, 『바람 부는 날이면 압구정동에 가야 한다』, 문학과지성사, 1993.
이정호, 『포스트모던 문화 읽기』, 서울대학교 출판부, 1995.
정문길, 『소외론 연구』, 문학과지성사, 1985.
정시화, 『현대 디자인 연구』, 미진사, 1987.
진중권, 『미학 오디세이 2』, 새길, 1996.

논문

강준만, 「우리는 왜 유행에 약한가」, 『지성과 패기』, 1995년 3-4월.
김민수, 「광고이미지에 나타난 키치적 속성과 문화적 상징성의 해석」, 『광고학 연구』, 1995.
김소연, 「키치 연구: 사회문화론적 접근」, 홍익대학교 대학원 석사학위논문, 1994.
김정숙, 「키치 패션의 미적 가치에 관한 연구」, 서울대학교 대학원 석사학위논문, 1996.
박석우, 「한국의 키치 미술 연구」, 인하대학교 대학원 석사학위논문, 1995.
박해천·권은숙, 「키취와 모던 디자인의 역사적 맥락에 관한 연구」, 『디자인 연구』, 한국디자인학회 편, 1995.
엄광현, 「소비문화현상으로서의 상품미학」, 『미학·예술학연구』, 1994.
오창섭, 「굿 디자인의 기준 문제 있다」, 『디자인』, 1996년 1월호.
이기봉, 「팝아트에 있어서 표현기교의 특수성에 관한 연구」, 서울대학교 대학원 석사학위 논문, 1986.
이병종, 「확장된 기능주의 이론 분석」, 『디자인학 연구』, 한국디자인학회 편, 1996.
이영욱, 「키치란 무엇인가?」, 『아트&크래프트』, 1992년 10월호.

이지윤,『해체주의 공간의 구성원리 및 디자인 특성과 조형적 접근 방법에 관한 연구』, 이화여자대학교 대학원 석사학위논문, 1993.
이현진·이건표,「제품의 조형요소가 사용자 인터페이스 디자인에 미치는 영향에 관한 연구」,『디자인학 연구』, 1994.
한정희,『의자 디자인의 양식변천에 관한 고찰』, 서울대학교 대학원 석사학위논문, 1987.

신 문 자 료

「게임이 세상을 바꾼다」,『한겨레신문』, 1997년 6월 11일자 기사.
「먹으면 살찌는 밀크 캬라멜」,『동아일보』, 1925년 6월 19일자 광고.
「밥 로스, 그림을 그립시다」,『조선일보』, 1996년 12월 19일자 광고.
「비자금사태 이색상품 불티」,『중앙일보』, 1995년 11월 7일자 기사.
「상품가치 높이는 마술」,『중앙일보』, 1996년 6월 13일자 기사.
「어디서 본 듯, 디자인 모방 논란」,『한겨레신문』, 1998년 6월 3일자 기사.
「외제차 타고 다녀 증오」,『중앙일보』, 1996년 10월 30일자 기사.
「차 멋내기 개조바람」,『조선일보』, 1996년 10월 14일자 기사.
「현실도피 심리가 왕자님 환상 부른다」,『경향신문』, 1997년 2월 10일자 기사.

외국 서적 및 번역 서적

Ansart, Pierre. 정수복 역,『현대 프랑스 사회학』, 문학과지성사, 1994.
Akira, Unami. 이순혁 역,『유혹하는 오브제』, 도서출판 국제, 1994.

Barthes, Roland. 김주환 · 한은경 역, 『기호의 제국』, 민음사, 1997.
Barthes, Roland. 정현 역, 『신화론』, 현대미학사, 1995.
Barthes, Roland. 김인식 편역, 『이미지와 글쓰기』, 세계사, 1997.
Basalla, George. 김동광 역, 『기술의 진화』, 까치, 1996.
Baudrillard, Jean. 이규현 역, 『기호의 정치경제학 비판』, 문학과지성사, 1993.
Baudrillard, Jean. 이상률 역, 『소비의 사회』, 문예출판사, 1991.
Baudrillard, Jean. 배영달 역, 『사물의 체계』, 백의, 1999.
Baudrillard, Jean. 「커뮤니케이션의 무아경」, Hal Foster, 『반미학』, 현대미학사, 1994.
Berger, John. 「광고 이미지와 소비문화」, 최민 역, 『시각과 언어』, 열화당, 1988.
Berger, John. 『이미지』, 동문선, 2000.
Berman, Marshall. 「The experience of modernity」, John Thackara ed. 『Design after Modernism』, London: Thames and Hudson, 1988.
Booth, Mark. 『Camp』, London: Cameron Books, 1983.
Bourdieu, P. 최종철 역, 『구별짓기: 문화와 취향의 사회학』, 새물결, 1995.
Bryson, Norman. 『Vision and Painting: The Logic of Gaze』, Yale University Press, 1983.
Calinescu, Matei. 이영욱 외 역, 『모더니티의 다섯 얼굴』, 시각과언어, 1994.
Cawelti, J. G. 박성봉 편역, 「도식성과 현실도피의 문화」, 『대중예술의 이론들』, 동연, 1995.
Debray, R · gis. 정진국 역, 『이미지의 삶과 죽음』, 시각과언어, 1994.
Dorfles, Gillo. 『Kitsch: The World of Bad Taste』, Universe Books, 1975.
Dormer, Peter. 강현주 · 조미아 역, 『1945년 이후의 디자인』, 시각과언어, 1995.
Eco, Umberto. 서우석 역, 『기호학 이론』, 문학과지성사, 1985.
Eco, Umberto. 조형준 역, 『스누피에게도 철학은 있다』, 새물결, 1994.
Ewen, Stuart. 백지숙 역, 『이미지는 모든 것을 삼킨다』, 시각과언어, 1996.
Fromm, Erich. 박갑성 · 최현철 역, 『자기를 찾는 인간: 윤리학의 정신분석학적 탐구』, 종로서적, 1991.
Goodman, Nelson. 『Ways of Worldmaking』, Cambridge: Hackett Publishing co., 1978.
Greenberg, Clement. 「아방가르드와 키치」, 『현대미술비평 30선』, 중앙일보사, 1987.
Harries, Karsten. 오병남 · 최연희 역, 『현대미술: 그 철학적 의미』, 서광사, 1988.

Haug, Wolfgang Fritz. 김문환 역, 『상품미학비판』, 이론과실천, 1991.
Hauser, Arnold. 최성만 · 이병진 역, 『예술의 사회사』, 한길사, 1990.
Hauser, Arnold. 백낙청 역, 『문학과 예술의 사회사』(현대편), 창작과비평사, 1990.
Hebdige, Dick. 이동연 역, 『하위문화』, 현실문화연구, 1998.
Horn, Richard. 『Memphis』, Pennsylvania: Running Press, 1986.
Hutcheon, Linda. 김상구 · 윤여복 역, 『패러디 이론』, 문예출판사, 1995.
Jameson, Fredric. 윤호병 역, 「포스트모더니즘과 소비사회」, Hal Foster, 『반미학』, 현대미학사, 1994.
Kroeber, A. L. 『Culture』, New York: Vintage Books, 1952.
Kundera, Milan. 송동준 역, 『참을 수 없는 존재의 가벼움』, 민음사, 1992.
Lacan, Jacques. 민승기 · 이미선 · 권택영 역, 『욕망이론』, 문예출판사, 1995.
Lambert, Rosemary. 이석우 역, 『20세기 미술사』, 열화당, 1994.
Löbach, Bernd. 신수길 역, 『공업디자인 개론』, 미진사, 1981.
Lorenz, Konrad. 김종호 역, 『현대의 대죄』, 삼성미술문화재단, 1984.
Lucie-Smith, Edward. 전경희 역, 『팝아트』, 열화당, 1995.
McCracken, Grant. 이상률 역, 『소비와 문화』, 문예출판사, 1998.
Merleau-Ponty, Maurice. 오병남 역, 『현상학과 예술』, 서광사, 1983.
Moles, Abraham. 엄광현 역, 『키치란 무엇인가』, 시각과언어, 1994.
Moles, Abraham. 「The Comprehensive Guarantee: A New Consumer Value」, Victor Margolin(ed.), 『Design Discourse』, The University of Chicago Press, 1989.
Okita, Daizaburo. 박대순 역, 『산업디자인』, 도서출판 국제, 1995.
Palmer, Richard E. 이한우 역, 『해석학이란 무엇인가』, 문예출판사, 1988.
Papanek, Victor. 현용순 · 이은재 역, 『인간을 위한 디자인』, 미진사, 1991.
Saussire, Ferdinand de. 최승언 역, 『일반 언어학 강의』, 민음사, 1994.
Selle, Gert. 「There is no kitsch, there is only design」, Victor Margolin ed. 『Design Discourse』, The University of Chicago Press, 1988.
Sharratt, Bernard. 박성봉 편역, 「대중연극에서 대중적인 것의 정치학」, 『대중예술의 이론들』, 동연, 1995.

Solomon, Robert C. 「On kitsch and sentimentality」, 『The Journal of Aesthetics and Art Criticism』, vol. 49, no. 1, winter 1991.

Sontag, Suzan. 백한울 역, 「캠프에 관한 노트」, 『아트&크래프트』, 1992년 10월호.

Storey, John. 박모 역, 『문화연구와 문화이론』, 현실문화연구, 1995.

Toffler, Alvin. 이규행 역, 『제3의 물결』, 한국경제신문사, 1993.

Toussaint, Bernard. 윤학로 역, 『기호학이란 무엇인가』, 청하, 1993.

Vitta, Maurizio. 「The meaning of design」, Victor Margolin ed. 『Design Discourse』, The University of Chicago Press, 1989.

Walker, John A. 정진국 역, 『디자인의 역사』, 까치, 1995.

Ward, Peter. 『Kitsch in Sync: A Consumer's Guide to Bad Taste』, London: Plexus Publishing, 1991.

Ward, Peter. 『Fantastic Plastic: The Kitsch Collector's Guide』, Chartwell Books, 1997.

White, Leslie A, 이문웅 역, 『문화의 개념』, 일지사, 1993.

Whitford, Frank. 『Bauhaus』, Thames and Hudson, 1984.

Williams, Raymond. 나영균 역, 『문화와 사회』, 이화여자대학교 출판부, 1988.

Wolff, Janet. 이성훈 역, 『미학과 예술사회학』, 이론과실천, 1994.

Wolff, Janet. 이성훈·이현석 역, 『예술의 사회적 생산』, 한마당, 1992.

Wright, Elizabeth. 권택영 역, 『정신분석비평』, 문예출판사, 1993.

ㅇ 찾아보기

ㄱ

간판 41
거짓말 이론 125
결핍 124-125
결핍된 욕망 124
경제의 논리 45
경험 53, 66, 106, 110, 190, 207
경험의 매개체 46
경험주체 112, 153, 190
계급적 이해방식 38

고급문화 138, 191, 193-194
고급예술 171, 174, 180, 182, 217
공감각의 원리 158
과시 210
과시적 키치 215, 222, 168
과시적 행위 212, 214
과잉성 83
과장 234
광고 88

교환가치 267
구별짓기 128, 186, 191, 274, 275
구별짓기 기호 126, 128
구상능력 103
구현능력 103
권택영 222
굿 디자인 35
굿 디자인 마크 32
근대화 164
기능 93, 100, 119
기능성 99
기능주의 100
기능주의자 100, 105
기능 축적물 49
기의 63
기표 63
기하학적 형태 36
기호 61, 83
기호로서의 사물 122
기호의 교환 85
기호의 소비 85, 125
기호의 자의성 63
기호의 체계 63, 123-124
기호의 화폐적 특성 125
기호이론 62, 80
기호 제작자 66
기호학 62, 72, 73
김진석 267

ㄴ

나쁜 취미 153, 156, 180
낭비 90
내포적 의미 75
넬슨 굿맨 Nelson Goodman 173
노래방 224-225
놀이 227, 229, 230, 232, 272

ㄷ

다양성 83
다이자부로 오키타 Okita Daizaburo 103
달콤한 키치 160
대리만족 220, 222, 224, 226
대리만족적 키치 222
대리물 224
대리체험 224
대용 문화 136
대중매체 87, 215
대중문화 138, 171, 179, 194
데카르트 265
도구 103
도구적 차원 32, 171
도피 227, 229
디자이너의 의도 50
디자인 19, 21, 36, 45
디자인 담론 35

디자인된 인공물 43
디자인의 대상 38
딕 헵디지Dick Hebdige 97-98

ㄹ

라마르크Jean de Lamarck 105
랜달 웰러스Randall Wallace 116
레디-메이드 174
레플리컨트 199
렘브란트 그림 155-156
로렌츠Konard Lorenz 105-106
로즈메리 람버트Rosemary Lambert 169
롤랑 바르트Roland Barthes 72, 79, 80, 177, 247
루이스 설리번Louis Sulivan 105
리들리 스콧Riddley Scott 199

ㅁ

마르셀 뒤샹Marcel Duchamp 174-175, 177, 182
마르크스Marx 269
마술 30, 31, 34, 229-230
마크 부스Mark Booth 180
막스 빌Max Bill 100, 105
메를로 퐁티Maurice Merleau-Ponty 190
메타 물음 149

모던디자인 113
모방 149
모조품 222
문화 138
문화 공동체 68
문화의 논리 45
문화의 차이 68
문화적 코드 68, 118
문화현상 80
물신주의 220
미적 경험 110, 112, 113, 189
미적 코드 110
미학 186
밀란 쿤데라Milan Kundera 140, 152

ㅂ

바늘에서 우주선까지 38
바라봄 214
박성봉 112, 224, 229, 230
버나드 샤라트Bernard Sharratt 225
벗어나기 276
베르나르 투생Bernard Toussaint 73
베른트 뢰바흐Bernd Löbach 102, 126
벤츠 126, 128, 217
보드리야르Jean Baudrillard 46, 83, 85, 90-91, 99, 100, 114, 121, 123, 192, 238, 241

298

보드리야르적 의미의 물건 46
보여지는 시선 214
복사본 그림 215
복제 199
부끄러움 214-215
부러움 218, 222-223
「부시맨」 68-69
부와 권력의 상징 123, 124, 126
부적합성의 원리 158, 160
부정의 용법 136, 138
「브레이브 하트」 116
브루스 아쳐 Bruce Archer 20
브리콜라주 98
「블레이드 러너」 199
비미적 요소 112
빅터 파파넥 Victor Papanek 20, 105
뻔함 203

ㅅ

사물 49, 82, 93, 106, 114, 124
사물다움 232
『사물의 체계』 121
사용 53
사용-가치 88, 267
사용과정 43, 50, 55, 101, 110
사용성 평가 43
사용의 관점 50, 53
사용의 관점에서 디자인 보기 50, 53
사용의 영역 45
사용자 43, 49
사용 중심적 디자인 보기 46, 53, 55
사이비 예술 138
사회적 기능 144
사회적 의미 68, 114, 116
사회적 존재 272
사회적 코드 116
사회적 행위 85, 120, 128
산물로서의 키치 151, 152, 158, 160, 163
산업화 199, 200, 272
상대적 빈곤감 245
상류층 273
상징 114
상징력 61
상징적 기능 114
상징적 코드 114
상징체계 125, 126
상징침범행위 125, 126, 128
상층계급 167, 193
상품가 30-31, 34
상품미학 87
상호 텍스트성 247
생산의 영역 31
생산 중심적 공간 49
생산 중심적 디자인 보기 35, 38, 43

성 237, 238-239, 242
성의 이미지 238
소두영 120, 121
소쉬르 Ferdinand de Saussure 62, 72, 73, 75, 77
소비 83, 122
소비사회 124
소비주체 267
소속확인 254, 257, 258
소외 269
소외의 해소 269
솔로몬 Robert C. Solomon 156
수신자 66
수잔 손탁 Suzan Sontag 180
순수예술 138
순수한 기능 94, 98, 100, 101
스케치 135
스타일 90, 180
스티븐 베일리 Stephan Bayley 20
시선 121, 210
시선의 투명성 27
시큼한 키치 160
『신화』58
신화구조 74, 75, 77
신화 소비자 79
신화적 의미 75, 77, 79
실제적 기능 103, 105
심미적 기능 110

ㅇ

아담과 이브 214
아르놀트 하우저 Arnold Hauser 138, 149
아름다움 110
아브라함 몰르 Abraham Moles 79, 143-144, 147, 149, 152, 154, 155, 160, 267
아비투스 192, 274-275, 276
아우라 199
「아이언 마스크」116
안정에서 도피의 욕구 255
안정의 욕구 255, 257
알튀세르 Louis Althusser 97-98
앨빈 토플러 Alvin Toffler 87
어빙 하우 Irving Howe 194
에덴동산 214
에드워드 루시-스미드 Edward Lucie-Smith 169, 179
에리히 프롬 Erich Fromm 99, 197, 255, 270
영화 홍보용 그림 41
약호 65-69, 114
엔겔하르트 Engelhardt 158
예술 173, 174, 215
예술계 173
예술계의 승인 173
『예술의 사회사』138
예술작품 174
예술화 메커니즘 177
오스카 와일드 Oscar Wilde 180

오해 64
외설 241, 242
외연적 의미 75
요헨 그로스Jochen Gros 102
욕망 88, 121, 156, 207, 266
욕망의 대상 121, 124, 223
욕망이론 222
우나미 아키라Akira Unami 20, 146-147, 149
움베르트 에코Umberto Eco 125, 143
유용성 83, 99
유행 85
은유 체계 28
의미 공유 66
의미부여 49
의미작용 46, 53, 64
의미전달 64
이데올로기 73, 97, 191
이미지 200
이발소 그림 79
이시코 준조石子順造 146
인간과 사물의 관계방식 154
『인간을 위한 디자인』 105
인공물 83
인공물 문화 55
인터페이스 105
잉여소비 75, 90

ㅈ

자네트 월프Janet Wolff 112, 189
자본의 논리 32
『자유로부터의 도피』 255
자의성 63
자크 라캉Jacques Lacan 88, 222, 260
절대적인 미 112
절대정신 190
정서 143, 156
정의 28
정체성 257, 266, 267, 272
정체성 확인 267, 268
정합성 232, 236
제욱시스Zeuxis 210, 212
제2 창조 과정 53-54
제1 창조 과정 53-54
조지 디키George Dickie 173
조지 바살라George Basalla 83
존 버거John Berger 88
존 워커John A. Walker 72
주체 26
중용의 원리 158
중층성 147, 151
쥬시 살리프Juicy Salif 75-77
지위이동 192
지표 114
지하철 노선도 36-37
질로 도르플레스Gillo Dorfles 153, 156

ㅊ

차이의 체계 163
차이표시 기호 276-277
참된 문화 136, 138
창조적 사용과정 50
체계 62
추상표현주의 168, 169, 171
축적의 원리 158
취미 184, 186
취향 113, 184, 274

ㅋ

카웰티John G. Cawelti 234, 254-255, 257
카타르시스 247
칸트Immanuel Kant 113, 189, 190
칼리니스쿠Matei Calinescu 154, 155, 164
캠프 179-180, 182
커뮤니케이션 50, 64, 66, 80
코노테이션적 체계 79
쾌적함의 원리 160
클레멘트 그린버그Clament Greenberg 136, 138, 149, 158, 169, 171, 194
키췐 135
키치 55, 79, 133, 144
키치담론 152
키치 사물 268, 269, 270, 272, 276

키치의 시대 146
키치인간 153, 155, 156, 157
키치적 관계 방식 155
키치적 산물 53, 147, 160, 163, 168, 203
키치적 소비 79, 156, 238, 255, 268, 269, 270, 272, 273, 275, 276
킬리Killy 158

ㅌ

타인 270
타인의 시선 121, 215
타자 94
타자 의존성 120
태도로서 키치 155

ㅍ

파라시오스Parrhasios 210, 212
『파리마치』 73, 75
『판단력 비판』 189
팔머Richard E. Palmer 26-27
팝아트 168, 173, 179
패치워크 147
포틀래치 79, 214
표시기능 102

표현을 위한 소비 267
풍자 245-246
풍자적 키치 247, 248
프레드릭 제임슨Fredric Jameson 207
프로그램 118
플라톤Platon 100
피에르 부르디외Pierre Bourdieu 184, 192, 274
피터 워드Peter Ward 164, 184
필립 스탁Philippe Starck 75-78
필요 93

'형태는 기능을 따른다' 105
호모 파베르 103
호이징하Johan Huizinga 227
확장된 기능주의 102

Keetcheetsya 135
Lighting Glove 52
Verkitschen 135

ㅎ

하딩D.W. Harding 229
하우크Wolfgang Fritz Haug 87
하위문화 98
하지니콜라우스Nicos Hadjinicolaou 112
하층계급 193
한스 리히터Hans Richter 174
한스 에곤 홀투젠Hans Egon Holthusen 160
해리스Karsten Harries 135
해석의 체계 99
향수 200
향수의 정서 205
향수적 키치 200, 203, 205, 207, 268
헤겔Hegel 190
헤르만 브로흐Hermann Broch 146, 153, 155

궤도를 벗어난 사물의 일상
내 곁의 키치

오창섭 지음

제1판 2쇄 2017년 3월 30일
제1판 1쇄 2012년 7월 20일

●홍시

발행인	홍성택
기획편집	조용범, 양이석
마케팅	김영란
인쇄제작	정민문화사

(주)홍시커뮤니케이션   서울시 강남구 봉은사로74길 17(삼성동 118-5)
T. 82-2-6916-4481 F. 82-2-539-3475 editor@hongdesign.com hongc.kr

ISBN   978-89-93941-62-3 03100

이 도서의 국립중앙도서관 출판예정도서목록(CIP)은
서지정보유통지원시스템 홈페이지(http://seoji.nl.go.kr)와
국가자료공동목록시스템(http://www.nl.go.kr/kolisnet)에서
이용하실 수 있습니다.(CIP제어번호: CIP2012002978)